BERNARD COHEN-HADAD

L'AVENIR APPARTIENT AUX PME

Environnement, IA, progrès, lien social... Pourquoi les PME sont la clé des enjeux de demain

DUNOD

NOUS NOUS ENGAGEONS EN FAVEUR DE L'ENVIRONNEMENT :

PAPIER CERTIFIÉ

Nos livres sont imprimés sur des papiers certifiés pour réduire notre impact sur l'environnement.

Le format de nos ouvrages est pensé afin d'optimiser l'utilisation du papier.

Depuis plus de 30 ans, nous imprimons 70% de nos livres en France et 25% en Europe et nous mettons tout en œuvre pour augmenter cet engagement auprès des imprimeurs français.

Nous limitons l'utilisation du plastique sur nos ouvrages (film sur les couvertures et les livres).

11 rue Paul Bert, 92240 Malakoff
www.dunod.com
ISBN 978-2-10-086697-7

Table des matières

« On ne se bat bien que pour les causes qu'on modèle soi-même et avec lesquelles on se brûle en s'identifiant. »

René Char, *Feuillets d'Hypnos*

Préface
Jamais sans elles

par Jean-Marc Vittori

C'était en 2011. Barack Obama, président des États-Unis, rencontrait Steve Jobs, le célèbre fondateur de l'entreprise Apple qui fait fabriquer ses iPhones en Chine. Il lui posa une question simple : « Pourquoi ce travail ne peut-il pas revenir chez nous ? » Jobs ne lui a pas vraiment répondu. Peut-être n'a-t-il pas osé lui dire qu'il préférait les coûts salariaux et le droit du travail chinois.

Mais il y avait une autre raison. Les usines ne poussent pas dans le désert. Elles travaillent avec de nombreux partenaires. Des fabricants de machines, des fournisseurs, des organismes de formation et bien d'autres encore. Des grands et des petits, des locaux et des mondiaux, des tout récents et de vénérables anciens. Autrement dit, même les organisations les plus puissantes ne peuvent prospérer que dans un écosystème. Quand cet écosystème se délite, il devient très difficile de travailler.

Il faut aussi de tout pour faire une grande économie, comme il faut de tout pour faire un monde. Des grandes entreprises capables de se projeter dans le monde. Des petites et moyennes entreprises qui apportent souplesse, expertise, proximité. Des jeunes pousses qui stimulent l'innovation. Et cette diversité va devenir de plus en plus importante.

Il y a un siècle, l'usine Ford de Rouge, aux États-Unis, était la référence absolue. On venait du monde entier visiter ce site qui comprenait non seulement une usine d'assemblage automobile mais aussi un port, des hauts-fourneaux, une centrale électrique, une blanchisserie, un hôpital, une caserne de pompiers. L'entreprise possédait aussi des mines de fer et des plantations d'hévéas. Elle semblait contenir un monde à elle seule.

Aujourd'hui, c'est l'inverse. Les entreprises ne cessent de se recomposer. Les frontières bougent sans cesse. Il y a bien sûr toujours des fusions. Mais il y a aussi des séparations, des externalisations où des tâches voire des pans entiers d'activité sont confiés à d'autres firmes. Les outils numériques, qui se sont généralisés ces deux dernières décennies, permettent d'organiser les liens avec beaucoup plus de facilité qu'autrefois.

Dans cette effervescence, la France est dans une situation particulière. Ses habitants ne savent pas vraiment ce qu'ils veulent. Ou pour être plus précis, ils sont schizophrènes, ils ont l'âme fendue. Officiellement, ils n'aiment pas la grande entreprise, incarnation du grand méchant capital. En pratique, ils lui font plus facilement confiance, préfèrent acheter ses produits, se réjouissent d'aller travailler chez elle plutôt que dans « la PME du coin ». L'État et ses hauts fonctionnaires, eux, raffolent des « champions nationaux ». Ils ont d'excellentes raisons pour cela. Les grandes entreprises peuvent déployer des solutions à grande échelle, s'imposer sur la scène mondiale en entraînant d'autres firmes dans leur sillage, comme savent bien le faire les Allemands. Mais elles sont moins à l'aise sur d'autres plans, pour travailler à petite échelle, pour s'adapter à des terrains mouvants, pour réagir très vite.

Les jeunes entreprises, elles, ont été mises en lumière ces dernières années après avoir été longtemps dédaignées. Les jeunes diplômés s'y précipitent. C'est la « Start-up Nation », une idée à laquelle tient beaucoup le président de la République Emmanuel Macron. À juste titre évidemment. Dans un monde qui bouge de plus en plus vite, où l'innovation est essentielle, de nouveaux venus sans passé ni passif sont souvent plus aptes à saisir les nouvelles opportunités, à déployer de nouvelles idées. Et pour devenir grand, il faut d'abord naître : certaines grandes entreprises de demain sont aujourd'hui toutes petites encore.

Mais ensuite, il faut grandir. Devenir une PME, avant peut-être de passer à une autre échelle. C'est parfois précieux, pas souvent indispensable. Une PME peut rester PME pendant des décennies, voire des siècles, au profit de tous. Ici comme ailleurs, la croissance n'est pas toujours une saine obsession.

Les PME, justement, sont quelque part entre grands groupes et jeunes pousses. Au point d'en être parfois oubliées. De 2014 à 2017, elles ne figuraient plus dans le nom d'un ministère, pour la première fois depuis un demi-siècle. La mention d'un sujet dans l'intitulé d'un portefeuille ministériel n'indique certes pas que ledit sujet est bien traité par le gouvernement. Mais il indique au moins que le sommet de l'exécutif estime qu'il a quelque importance.

Les PME représentent pourtant un acteur majeur de l'économie. Un peu plus de 150 000 entreprises, dans tous les domaines, dans tous les territoires. Plus de 4 millions de collaborateurs (en « équivalent temps plein », donc davantage en réalité), soit 29 % des salariés du privé. Un chiffre d'affaires annuel qui vient de franchir le cap des 1 000 milliards d'euros.

Pendant longtemps, les relations entre grandes entreprises et PME ont été tendues, voire violentes. Elles le restent trop souvent, avec des clients qui prennent l'expression « donneur d'ordre » au pied de la lettre. Mais ces relations changent. Les patrons des grandes firmes prennent conscience de l'importance de soigner leur écosystème plutôt que de le piétiner, de travailler avec les PME plutôt que contre elles. C'est le cas depuis longtemps dans l'aéronautique, la plus performante des filières industrielles en France. Les constructeurs automobiles le redécouvrent à chaque crise, en 2009 puis à nouveau lors de la crise du Covid.

La transition énergétique va amplifier le mouvement. Car pour réduire les émissions de gaz à effet de serre, les entreprises vont devoir prendre en compte non seulement leurs propres émissions, mais aussi celles de leurs fournisseurs. C'est le fameux « Scope 2 et 3 » des bilans carbone. En juillet 2023, des grands groupes ont lancé l'alliance Pacte PME qui vise à aider 3 500 firmes moins grandes à décarboner leur activité.

Un tissu d'entreprises moyennes et petites en pleine forme est de plus en plus une condition de réussite de l'industrie — et de la réindustrialisation. C'est aussi, et encore plus, la condition de territoires vivants.

Quand le dirigeant d'une grande entreprise implante une usine, un entrepôt ou des bureaux ailleurs qu'au pourtour d'une grande ville, il se soucie d'abord de la bretelle d'autoroute et de la gare TGV les plus proches. Sa contribution à la vie locale se limite souvent aux salaires payés, aux taxes versées et à ses éventuelles bonnes œuvres.

Seules les PME sont en mesure d'animer les espaces. Elles ont été à l'origine des villes européennes, à partir du Moyen Âge, à travers l'artisanat et les commerces. Elles irriguent encore les cités du XXIe siècle, non sans difficultés de toutes sortes, de la concurrence des banlieues qui rendent la voiture inévitable à l'entassement de réglementations parfois contradictoires et souvent ineptes. Et en milieu rural, elles ont un rôle que ne pourra jamais jouer une multinationale ou un État.

Dans les années à venir, les PME vont affronter de multiples défis. Bernard Cohen-Hadad en recense beaucoup dans les pages qui suivent. Trois d'entre eux me semblent essentiels, au-delà de la transition écologique déjà évoquée. Le premier est la numérisation. Les PME françaises sont en retard en la matière alors que c'est une étape essentielle de la vie des entreprises. Parfois pour produire, mais aussi pour vendre, pour faire de la veille technologique, pour acheter, pour transmettre des documents de toute nature, etc.

Le deuxième défi est la complexification, dont on sous-estime toujours le coût en France car ses élites sont largement sélectionnées sur leur capacité à maîtriser les univers complexes. Pour d'excellentes raisons, les règles s'accumulent dans tous les domaines, social, technique, environnemental, fiscal, etc. Les grandes entreprises ont les moyens de gravir cette montagne de contraintes qui peut facilement écraser des organisations moins bien outillées. Les autres ont plus de mal, au point d'être parfois submergées.

Le troisième défi est la transmission. Un dirigeant de PME sur cinq a plus de 60 ans. Dans la décennie à venir, le tiers des patrons de firmes familiales devront passer la main. Pour réussir ce passage déterminant dans la vie d'une entreprise, il y a une seule recette : la préparation en amont, qui n'a rien d'évident.

L'avenir économique de la France passe par des PME nombreuses, vivantes, capables d'attirer des talents, bien équipées, se remettent en question, cherchant la qualité. Cet avenir suppose que les PME soient enfin considérées comme une formidable chance. Par les pouvoirs publics bien sûr, par les très grandes entreprises évidemment, mais aussi et surtout par nous toutes et nous tous, quand nous pouvons choisir nos achats, notre épargne, nos emplois.

Jean-Marc Vittori

Journaliste économique, éditorialiste aux *Échos*.

Préface
Vers la proximité augmentée

par Denis Ferrand

Dans cet essai, Bernard Cohen-Hadad parle très justement de la place qu'occupent les PME dans notre économie. Et il a raison de prendre de la hauteur. Car la manière la plus pertinente pour rendre compte du rôle spécifique joué par celles-ci dans l'économie n'est pas uniquement de redire leur poids dans l'emploi au sein d'une économie ou la proportion de valeur ajoutée qui leur est attribuable. La meilleure des manières est d'apprécier combien les conditions mouvantes du développement économique rend incontournable le rôle de ces entreprises au regard de leur proximité, de leur insertion dans un territoire dont elles contribuent à façonner la cohérence.

Pour schématiser, deux logiques de développement territorial peuvent être distinguées en fonction des revenus qui irriguent ce territoire. La première est une logique productive. Elle tient à ce que le territoire va chercher des ressources à l'extérieur par l'exportation du produit qui est réalisé sur ce territoire. Cette logique de territoire exportateur répond à celle d'un développement industriel recherchant une ressource externe. Les entreprises présentes sur le territoire, dont les PME, font ainsi reconnaître à l'extérieur la valeur de tout ce qu'elles produisent. La seconde logique de développement territorial est celle qui consiste à attirer des revenus qui vont être dépensés sur un territoire. Le premier modèle est celui de l'économie productive et le second modèle est celui de l'économie présentielle. Dans le premier cas, les conditions de la compétitivité priment, dans le second, ce sont les conditions d'attractivité qui sont déterminantes et les PME jouent un rôle des plus cruciaux pour celle-ci.

L'économie du territoire, par le territoire et pour le territoire

Dans le domaine de l'économie présentielle, les revenus à attirer sont notamment ceux issus de la redistribution telle que les retraites. Ils sont aussi liés à l'activité touristique mais aussi à la présence de services publics. Certains territoires fondent leur logique de développement sur cette capacité à attirer des revenus qui viennent être dépensés sur leur territoire. Dans les faits, nous constatons que les territoires qui se développent le mieux sont ceux qui arrivent à combiner harmonieusement économie productive et économie présentielle. Mais, surtout, ce qui est aujourd'hui important, c'est que, dans une économie présentielle, il faut pour être efficace des acteurs capables de créer une offre pertinente avec des conditions durables d'attractivité. Nous passons donc d'une logique de réflexion en matière de compétitivité à l'exportation, à une logique d'attractivité sur le territoire, et c'est là que le rôle des PME devient essentiel car ce sont elles les acteurs de terrain et de l'économie de proximité. Assurer du présentiel, c'est réfléchir à un maillage, à un réseau, mais c'est également faciliter l'agilité des PME, grâce à leur capacité de s'imprégner dans un territoire, de mieux réagir avec les acteurs économiques.

Cette économie présentielle, qui vise une nouvelle compétitivité et un nouveau développement des territoires, passe aussi par de nouvelles capacités humaines, de nouveaux talents et de nouveaux métiers. C'est plus une économie servicielle, cela veut dire des compétences particulières. Ce qui va compter, c'est la capacité d'interaction, les formations. Cela veut également dire posséder des réseaux articulés, par exemple faire un îlotage des patrouilles de police, pour sécuriser la vie économique du commerce, donner confiance aux consommateurs et aux riverains. Ce qui permet de créer les conditions du développement du commerce.

Parmi les bonnes idées qui émaillent cet essai, Bernard Cohen-Hadad évoque comme piste l'ouverture des commerces le dimanche dans les grandes villes, les rues et les zones commerçantes volontaires. En réponse aux achats possibles, jour et nuit, sur les plates-formes d'e-commerce, les ouvertures dominicales de boutiques et de services renvoient l'idée que c'est une myriade de compétences qui sera mobilisée pour que le territoire soit attractif et vivant. Ce sont moins des compétences d'ingénierie qui sont requises dans cette logique de développement que des compétences d'organisation d'une capacité d'accueil qui deviennent clés. C'est intrinsèque à un territoire. Il faut connaître le territoire, et ce n'est qu'une TPE ou une PME qui peut appréhender ce genre d'environnement et de compétences.

Plus de sens et d'humain

Dans les territoires, il y a un besoin affirmé de retour à l'authenticité, à un rapprochement dans la relation production-distribution-vente, pour trouver du sens, de l'utile. Une préoccupation qui passe par une qualité d'accueil, par une information claire sur l'origine des produits, la traçabilité, une attention pour la qualité et la réparabilité, avec l'économie circulaire et le développement durable. Cette recherche est importante mais, attention, l'économie présentielle ne peut se développer qu'à partir du moment où il existe du revenu généré par ailleurs. On parle bien d'une redistribution interterritoriale. De fait les territoires qui présentent les performances économiques les plus importantes sont ceux qui combinent les logiques présentielles et productives en leur sein. C'est pourquoi, malgré l'implication des TPE et PME et leurs bonnes initiatives, toutes seules, elles ne peuvent suffire. Il faut des revenus qui soient générés par ailleurs pour que les différentes formes de « richesses » puissent venir se dépenser sur le territoire. Dans une économie nationale, il y a, à la fois des entreprises exportatrices et des territoires qui deviennent des réceptacles de la dépense du revenu généré par la capacité exportatrice. C'est ainsi que les PME deviennent les acteurs d'un développement harmonieux de l'économie et source d'emplois en ce qu'elles contribuent à façonner les conditions de l'attractivité des revenus. Si le territoire n'est que productif, il n'y a pas de capacité à créer de l'harmonie dans le territoire dans lequel on vit et on produit. Sur un autre plan, les tentatives de sur-pousser les PME à l'exportation trouvent depuis des années leur limite. Trop souvent, elles n'en ont pas les capacités, elles n'en ont pas les moyens financiers sur le long terme et l'exportation ne correspond pas nécessairement à leur logique économique intrinsèque. En revanche, elles sont beaucoup plus utiles et donc efficientes dans le développement du territoire lorsqu'elles apportent des solutions qui ont la capacité de le faire vivre et d'en promouvoir l'attractivité. Encourager le local et le territorial, ce n'est pas réducteur mais plutôt conforme à une attente et une efficacité des acteurs de la croissance du territoire.

D'autant que la Covid-19 a mis en lumière la valorisation de la qualité de vie, le sens du travail, la nouvelle relation au travail, la réduction des temps de trajets pendulaires dans les territoires, et non plus uniquement le développement à l'international. Et nous voyons bien que revenir sur le territoire n'est pas une rétractation, ce n'est pas un enfermement, ce n'est pas fuir la mondialisation, c'est simplement explorer de nouvelles pistes dans son environnement, se donner les moyens, parce que nous sommes acteurs du développement d'un territoire harmonieux. Pour permettre de se projeter ensuite vers l'extérieur et avoir un territoire qui devient un territoire attractif, c'est donc également un moyen de s'ouvrir au monde. Ce n'est pas seulement s'ouvrir au monde entier, ni risquer de s'y perdre, c'est surtout faire en sorte de créer une offre à l'attention de l'extérieur. Et le numérique est un enjeu pour les PME dans les territoires. Avec cette question : qui est l'acteur de la valeur ? Et cette autre question : où se localise la valeur, en particulier pour le numérique ? Est-ce entre celui qui crée la mise en relation entre un détenteur de revenu et quelqu'un qui offre une prestation ? Est-ce que c'est celui qui crée la mise en relation qui est l'acteur du marché ou celui qui offre la prestation ? Et là, il y a un juste équilibre à trouver. C'est évident que lorsque l'on est une PME, il est difficile de lutter face à des groupes internationaux qui vont créer la mise en réseau, maîtriser les données clients et les relations fournisseurs. Et comment fait-on reconnaître la valeur différentielle ? C'est un enjeu de guerre économique ou un enjeu de partage de valeur qui a toujours été présent dans l'économie et qui se pose dans des termes nouveaux mais qui me semblent importants à bien exprimer. Comment faire en sorte qu'il y ait un partage équitable de la valeur créée par l'intervention des PME sur le territoire ? C'est l'enjeu probablement le plus difficile à traiter tant la PME est un acteur indispensable de la relation.

Vive la « proximité augmentée »

Si certains pensent que l'arrivée de l'intelligence artificielle va rendre plus difficile leur développement, n'oublions pas que l'intelligence artificielle va raconter et réécrire de nouvelles histoires mais ne fera pas vivre l'Histoire du territoire. Contrairement aux PME, l'intelligence artificielle n'est pas un acteur vivant. En revanche, pour démultiplier l'interaction de la valeur directe, l'intelligence artificielle représente un avantage parce qu'elle va débarrasser la PME des tâches répétitives pour se concentrer sur ce qui fait sa valeur. Et ce qui fait la valeur fondamentale d'une PME par rapport, en particulier, aux grandes entreprises, c'est qu'elle est nécessairement dans l'échange de proximité. En particulier en France, ce qui va faire sa capacité de croissance, c'est d'offrir des solutions de proximité, du bien-être, de la valeur véritablement humaine. L'intelligence artificielle oblige à se concentrer sur ces dimensions et ne peut, par conséquent, que renforcer la capacité d'offre. C'est véritablement ce que j'ai expérimenté dans mon travail.

Si je prends mon exemple, comme celui des PME qui créent ou qui apportent un service sur mesure, la partie écrite de notre travail va s'amoindrir, parce que n'importe qui pourra écrire une histoire économique, ou le constat d'une situation, en utilisant de l'intelligence artificielle. Et ce qui va prendre de plus en plus de valeur, c'est le fait d'aller échanger avec un chef d'entreprise et partager ensemble la vision particulière que nous avons de son positionnement et de ce qui est en train de se passer pour lui et son activité dans l'économie. On pourra bien entendu s'appuyer sur les outils de l'intelligence artificielle pour façonner un diagnostic, avoir des éléments de comparaison, mais ce qui aura de la valeur *in fine*, ce sera l'interaction avec la personne. La relation humaine. En fait, l'intelligence artificielle est un élément qui va renforcer la valeur de cette interaction. Et quoi de mieux aujourd'hui qu'une PME pour faire de l'interaction capable d'empathie ?

La relation humaine prévaut et cela répond à la problématique productive et présentielle PME. Les PME sont des entreprises à taille humaine orientées sur un environnement territorial. Sans prétendre épuiser le sujet mais, au contraire, pour le faire vivre, l'essai de Bernard Cohen-Hadad le démontre et le valorise utilement.

Denis Ferrand

Directeur général de Rexecode.

Introduction
Small is...

J'évolue dans le monde de la petite et moyenne entreprise depuis mon enfance et je n'ai jamais compris pourquoi ces entrepreneurs et leurs entreprises étaient depuis toujours sous-estimés.

L'objectif de cet essai est de partager une conviction et quelques idées-forces pour contribuer très modestement, sans prétendre épuiser le sujet, à faire évoluer les perceptions, les débats, les décisions et les actions publiques concernant les PME en France.

Ma conviction intime est la suivante : parce qu'elles sont des entreprises de proximité, à taille humaine et agiles, les PME sont le cœur battant de notre écosystème entrepreneurial français, qui assument pleinement leur responsabilité dans la vie des territoires où elles sont ancrées et avec lesquels elles sont en prise directe. Et pour les mêmes raisons, elles ont aussi des intérêts économiques à agir qui convergent le plus — et le mieux — avec l'indispensable ambition d'une économie plus verte, humaine et responsable. Mais les PME sont trop souvent éclipsées, dans le débat comme dans l'action, du fait d'une bipolarisation de l'attention vis-à-vis de cet écosystème entrepreneurial entre les start-ups et les grandes entreprises. L'action publique gagnerait pourtant à s'appuyer sur ces forces vives des PME, ni grandes entreprises ni ETI en modèle réduit, qui ont leurs propres besoins et attentes. Et en ces périodes troublées que nous vivons depuis la crise des gilets jaunes, sans évidemment opposer les uns aux autres, les Français ne s’y trompent pas : 87 % ont une bien meilleure image des PME que des grandes entreprises (53 %). Et 78 % des Français ont une bien meilleure image des dirigeants de PME que de ceux des grandes entreprises (36 %)[1].

Après avoir démontré leurs capacités d’agilité et d’adaptation à travers les crises (Covid, Ukraine, inflation, pénurie énergétique…), les dirigeants de PME doivent désormais relever plusieurs défis — en plus, bien sûr, de la bonne conduite de leurs activités : les préoccupations environnementale, sociale et de gouvernance (ESG) et la décarbonation ; la prise en compte du changement de l’engagement et du rapport au travail ; les pénuries de main-d’œuvre et la « guerre des talents » ; l’évolution du rapport de force entre les employeurs et leurs employés, avec le regain par ces derniers d’un pouvoir de négociation ; le pouvoir d’achat et le partage de la valeur, etc. Au moment où les entreprises sont de plus en plus citoyennes, les citoyens, de leur côté, font de plus en plus confiance aux entreprises pour être les forces motrices des transitions et des progrès sociaux, sociétaux, environnementaux et numériques dans leurs territoires, pour améliorer l’existant et leur permettre un meilleur futur, et ils sont de plus en plus eux-mêmes entrepreneurs, pour retrouver du sens au travail.

Autant d’événements de l’avènement d’une « PME Nation » ?

1. Sondage Elabe-BFM Business, 26 juin 2023.

Partie 1

MIEUX VIVRE

1
L'économie de la bienveillance

Transformer, ici et maintenant

Les entreprises françaises sont désormais de plus en plus tenues de (dé)montrer leur autonomie stratégique, leur ancrage à un territoire et leur contribution à l'emploi local, mais aussi leur concours à la décarbonation. L'autonomie stratégique, l'autonomie énergétique sont au cœur de toutes les préoccupations. Ce ne sont plus seulement de mots dont il est question mais d'enjeux concrets et mesurables touchant à des objectifs ambitieux relevant de la souveraineté et du développement économique responsable, tant sur les plans social et sociétal qu'environnemental. Un nouveau modèle d'entreprise est en gestation et toutes les filières sont sommées de contribuer à son installation durable, du nucléaire pour préserver notre indépendance énergétique, jusqu'au numérique pour défendre notre souveraineté technologique en passant par l'automobile et l'aéronautique pour atteindre nos objectifs de réduction des émissions de gaz à effets de serre.

Dans tous ces domaines, les réglementations se multiplient et guident le plus souvent la stratégie et l'action des plus grands groupes. Nous l'avons vu, les entreprises de taille moyenne et surtout les plus petites, moins astreintes que les autres au respect d'un arsenal juridique précis, se sentent davantage démunies. Nous pouvons les comprendre. Après tout, comment savoir par où commencer quand on doit à la fois remporter la bataille industrielle et commerciale, innover toujours davantage, produire localement, se montrer plus inclusif et davantage soucieux de son impact environnemental ?

Verdir et humaniser l'économie

Qu'entendons-nous par économie plus « verte » ? C'est une économie d'abord circulaire, plus sobre et efficace en consommation de ressources. Elle catalyse de nouveaux modèles économiques, en repensant les besoins, en sourçant plus local, en luttant contre l'obsolescence programmée, en réduisant les gaspillages. Elle induit aussi la consommation responsable du « consom'acteur ». Les pouvoirs publics doivent accompagner l'adaptation des acteurs économiques et des territoires, dans leur grande diversité, à cette nouvelle donne écologique positive. Par exemple en créant des filières locales de recyclage, en luttant contre les dépôts sauvages, en encourageant et valorisant la récupération des déchets des activités agricoles, du BTP ou des services. Sans oublier la rénovation énergétique des logements et des locaux professionnels, dont il est trop peu question alors que ce sont le plus souvent des passoires thermiques et acoustiques qui nuisent à la qualité de vie et de travail…

Qu'entendons-nous ensuite par économie plus « humaine » ? C'est l'économie qui concourt à la résorption des inégalités. Les crises récentes ont particulièrement touché les plus fragiles et modestes — jeunes, seniors, familles monoparentales, petits entrepreneurs individuels, artisans et commerçants indépendants et isolés, habitants des quartiers populaires, etc. Et le sentiment d'inégalité et de fracture dans les quartiers est de plus en plus exacerbé. Pour réduire ces inégalités, d'autant moins supportables que la France est un pays riche, des dispositifs d'aide et de soutien doivent être mis en place pour mieux absorber socialement les crises. Chacun doit pouvoir conserver ou retrouver une dignité, dans l'entreprise comme dans la Cité. Comment ? Par exemple en renforçant l'accès aux formations, pour les salariés comme pour les indépendants. Et en améliorant le partage des richesses, avec une indispensable et juste revalorisation des salaires compensée par une baisse des charges patronales, un revenu minimum pour les travailleurs indépendants et la réouverture des métropoles à tous ceux qui les font vivre mais n'ont plus les moyens d'y vivre. Plus que jamais, il faut retisser le lien social, renforcer les nouvelles solidarités et garantir à chacun une dignité sociale.

Un nouvel état d'esprit

Ce nouveau modèle d'entreprise ne doit pas être regardé comme un ensemble d'« obligations » nouvelles, de « référentiels » de plus, ou de formalisme supplémentaire. Non, c'est d'abord et avant tout un nouvel état d'esprit, à la rencontre entre l'efficacité économique et l'éthique, entre la performance financière et commerciale, la bienveillance et la solidarité. Pour être plus forts demain et prospérer, l'entreprise doit être davantage bienveillante et ouverte. Tant la société — donc le marché — que l'individu — donc le collaborateur — aspirent à une transition vers un modèle économique de l'utilité sociale du travail et de l'accomplissement de l'entreprise comme de soi. Ainsi les salariés peuvent-ils être associés à la conduite des décisions et au bénéfice des résultats *via* l'actionnariat salarié et le partage des richesses. De même, rechercher la coopération des clients et des fournisseurs permet d'atteindre plus efficacement les buts de l'entreprise.

Cette nouvelle économie que nous appelons de nos vœux et à laquelle nous travaillons, n'est pas une économie naïve, alors que les entreprises évoluent dans le délicat environnement de la mondialisation et des tensions observées dans les échanges commerciaux internationaux. C'est une économie protectrice, ambitieuse et bienveillante dans laquelle des alliances sont nécessaires entre l'employeur et ses salariés à l'intérieur de l'entreprise, et entre l'entreprise et le reste de l'économie et de la société. C'est une économie avec les autres et non contre eux. C'est une économie conquérante, mais solidaire. J'aurais pu la qualifier d'« éthiconomie », mais je préfère la formule « économie de la bienveillance ».

En quête de sens au travail

Les attentes collectives du marché et les attentes individuelles au travail ont évolué. Et les conditions dans lesquelles évoluent les entreprises et les salariés ne sont pas moins dures ni moins concurrentielles. D'un côté, la société aspire à une transition vers un nouveau modèle économique et social plus responsable, sobre, durable, décarboné, innovant, inclusif, résilient. De l'autre, l'individu est en quête de davantage de sens au travail et d'utilité sociale, avec un enchevêtrement de plus en plus étroit entre la réalisation de soi et ce projet collectif sociétal. Conformément à l'explication de la motivation par la hiérarchie des besoins humains théorisée par le psychologue américain Maslow, nous avons progressivement évolué du « bien-être » au « bonheur au travail » puis à la « quête de sens » avec, à chaque étape, des questionnements plus profonds et des réponses plus sophistiquées.

Sus au *burn-out*, au *bore-out* et autre *brown-out* ! Oui au télétravail raisonnable et au temps des pères pour aller accompagner leurs enfants au sport ou les attendre à la sortie de l'école ! Au-delà du salaire, les collaborateurs des PME sont eux aussi de plus en plus préoccupés par la qualité de vie au travail. Tous les acteurs de l'entreprise ont haussé leurs attentes au travail. Pour créer de la valeur sur le long terme, les dirigeants d'entreprise ont compris que l'engagement des équipes par le sens et la mission rend les organisations plus résilientes et agiles dans le rebond ; qu'une entreprise inclusive et diversifiée attire davantage les talents des *millennials* de la génération Z, ces *digital natives* nés entre 1995 et 2010 dans le contexte de la mobilité et des réseaux sociaux qui attendent beaucoup en termes d'utilité sociale et de sens à donner à leur mission ; et qu'une majorité de leurs collaborateurs souhaitent être associés aux réflexions RSE par leur entreprise et, dans les secteurs d'activité qui s'y prêtent, aspirent à travailler au moins deux jours par semaine à distance. Les collaborateurs qui estiment que leur entreprise doit permettre de donner du sens à leur travail, et pour qui l'engagement de l'entreprise est presque aussi important que le salaire, oscillent au diapason de ces Français qui changent tout ou partie de leurs comportements de consommation pour en réduire l'impact.

Ainsi l'entreprise peut-elle être au cœur d'une campagne qui trouve les voies et les moyens de redonner tout son sens au travail et de réconcilier l'ensemble des parties prenantes, y compris les *stakeholders* et *shareholders*, parfois opposés de façon artificielle et stérile. Je répète ici ma conviction : les PME, du fait de leur proximité, leur taille humaine et leur agilité, sont les entreprises les plus adaptées pour permettre à chacun — patron et collaborateur — d'agir concrètement pour accomplir sa mission. Grâce à leur plus grande souplesse et à la plus grande poly-compétence de leurs salariés, ce sont les PME qui innovent par exemple pour trouver la bonne organisation et tirer profit de l'expérimentation de la semaine de 4 jours. La semaine de 4 jours est actuellement appliquée dans certaines entreprises et leurs dirigeants en font la promotion. Mais elle n'est pas appréciée par les organisations patronales. La généraliser serait une erreur. Laissons donc les bonnes pratiques vivre et les ajustements se faire au cas par cas par la négociation dans l'entreprise.

Chaque entreprise doit toutefois, bien sûr, prioriser ses « combats » RSE. Une entreprise ne peut pas efficacement inclure dans sa culture tous les sujets sociaux et environnementaux au fil de leur émergence. Inutile de multiplier les actions RSE de *washing*, qu'il soit *green*, social, *women*, IA… Au contraire, l'entreprise doit concentrer ses efforts RSE sur certains combats qu'elle priorise et créer son propre tableau de bord RSE.

FOCUS

AMÉLIORER LE CADRE ET LA QUALITÉ DE VIE DANS LES GRANDES VILLES

Rendre les grandes villes « PME friendly », c'est y améliorer le cadre et la qualité de vie avec des capitales régionales durablement accessibles, sûres, propres et respirables. La propreté et la sécurité de l'espace public des grandes villes sont consubstantielles. Or, à la différence de beaucoup d'autres grandes villes européennes, les nôtres sont un peu plus sales et un peu moins sûres. Cette moindre qualité de vie abîme leur image nationale et internationale. Elle rogne aussi l'activité et l'attractivité économiques. A fortiori lorsque des mouvements de grève en sont à l'origine…

Améliorer le cadre et la qualité de vie dans les grandes villes, c'est aussi mixer plus finement les différentes fonctions urbaines, à savoir habiter, travailler, se recréer et circuler, conformément à la Charte d'Athènes sur la ville fonctionnelle. C'est également plus d'action climatique, en donnant la priorité aux objectifs de santé publique (contre toutes les pollutions) et de rénovation thermique (contre toutes les déperditions), et moins d'écologie punitive, en renforçant l'accompagnement des plus vulnérables dans la mise en place des politiques publiques des acronymes — ZFE (zone à faibles émissions), ZTL (zone à trafic limité), DPE (diagnostic de performance énergétique), etc.

C'est enfin favoriser le développement d'un tourisme durable « qui tienne pleinement compte de ses impacts économiques, sociaux et environnementaux, actuels et futurs, répondant aux besoins des visiteurs, des professionnels de l'environnement et des communautés d'accueil », selon la définition de l'Organisation mondiale du tourisme. Nombre de métropoles subissent en effet le phénomène du « surtourisme », que l'OMT définit comme « l'impact du tourisme sur une destination qui influence de manière excessive et négative la qualité de vie perçue par les citoyens et la qualité des expériences des visiteurs », et qui est généré par la croissance continue des touristes et l'essor des locations meublées touristiques saisonnières. Or, les effets pervers de la surfréquentation et de la surpopulation touristiques sur les habitants et la vie locale sont évidents : la « touristification » de l'activité économique exerce un effet dissolvant sur le tissu commercial et social de nos quartiers.

2
Partager les fruits de la croissance

La forte reprise de l'activité économique après la crise sanitaire s'est accompagnée d'un niveau inédit de création d'emplois et d'une hausse généralisée des prix des produits de première nécessité qui nourrissent, en France, des revendications sur le pouvoir d'achat et les salaires. Le sentiment d'une perte de pouvoir d'achat est accru par l'augmentation des dépenses pré-engagées (loyers, électricité, télécoms...) et des autres dépenses nécessaires, par exemple le transport domicile-travail. Le sentiment de ne pas être payé comme il faudrait est réel pour une partie des salariés. La question du pouvoir d'achat est la première préoccupation des Français depuis maintenant plusieurs années. Elle concerne toutes les entreprises, y compris les PME. Nul ne peut aujourd'hui l'ignorer.

Augmenter les salaires ou baisser les impôts ?

D'aucuns proposent régulièrement une augmentation exceptionnelle de tous les salaires, plébiscitée par les politiques de gauche, d'extrême-gauche, et par certaines organisations syndicales. Cette mesure, médiatique et séduisante, n'apparaît pas adaptée à la situation. Les chefs de PME qui en ont la capacité ont, la plupart du temps, d'ores et déjà procédé à des augmentations individuelles de salaires, voire plus largement à une revalorisation salariale. De plus, une telle augmentation ne serait pas un coup de pouce mais bien plutôt un coup de frein pour l’emploi des moins qualifiés et pour les marges — souvent fragiles — des PME, notamment dans les secteurs des services à la personne et de la propreté, où recruter actuellement à des niveaux de rémunération élevés est financièrement peu soutenable. Enfin, face à la concurrence, il serait difficile pour les PME de répercuter l’augmentation du coût sur le prix de vente.

D’autres recommandent plutôt une baisse des impôts. Cette option, qui demande à l’État d’être moins gourmand, apparaît toutefois peu crédible, pour ne pas dire mission impossible. D’abord, les impôts ont déjà baissé depuis 2017 (exonération progressive de la taxe d’habitation, réduction de l’impôt sur le revenu, etc.) : environ 52 milliards d’euros au total pour les entreprises et les ménages. Mais avec la reprise rapide, peut-on financer une baisse supplémentaire des charges ? Dans un souci d’équilibre budgétaire, sauf à dégrader encore plus l’endettement de la France, toute diminution des recettes devrait être précédée par celle des dépenses. Or, la part des dépenses publiques dans la richesse nationale est loin d’avoir diminué depuis 2017…

Plutôt l’actionnariat salarié

Pour améliorer le pouvoir d’achat, il existe des pistes de rémunérations alternatives à l’augmentation des salaires et à la baisse des impôts. L’entreprise peut d’abord utiliser plus largement les leviers dont elle dispose pour récompenser ponctuellement les salariés : la « prime Macron », la participation aux bénéfices, l’intéressement à la réalisation d’un objectif. Il existe là d’importantes marges de progrès : seuls 7,5 des 20 millions de salariés profitent aujourd’hui des différents dispositifs de l’épargne salariale. L’État pourrait aussi relever certains plafonds limitant leur portée et continuer à simplifier ces dispositifs.

Nous savons depuis Charles de Gaulle et le gaullisme politique et social, que faire participer les salariés aux fruits de l’expansion d’une entreprise est dans l’intérêt durable de tous : le salarié, l’entreprise, l’économie, la société. D’autant que ce partage améliore aussi le dialogue social et rappelle combien le progrès est une œuvre avant tout collective. Pilier de la RSE, l'actionnariat salarié acquiert peu à peu ses lettres de noblesse au sein de nos entreprises, et pas seulement dans les plus grosses. Si l'objectif de 10 % d'actionnaires salariés visé par la loi Pacte (Plan d'action pour la croissance et la transformation des entreprises) de 2019 semble encore loin, nombreux sont les dirigeants désireux de mettre en place un mécanisme simple et accessible pour associer leurs collaborateurs au capital de leur société. L'actionnariat salarié mériterait encore d'être développé. Les lois de finances l'ont favorisé en exonérant de forfait social les abondements de l'employeur complétant les versements volontaires des salariés pour acquérir des actions de leur entreprise au sein de leur plan d'épargne salariale, et en étendant aux ETI n'ayant jamais versé de dividendes les exonérations dont bénéficient les PME qui attribuent gratuitement à leurs salariés des actions de l'entreprise. Les dispositifs légaux de partage de la valeur existants pourraient aussi être assouplis, avec des avances pour les salariés au-delà des seuls accords d'intéressement et le déblocage anticipé du plan d'épargne d'entreprise (PEE) pour les proches aidants ou le financement de travaux de rénovation énergétique.

Ajoutons que pour démocratiser l'investissement en actions des Français, dans le but de flécher leur épargne vers les entreprises, l'actionnariat salarié est un tremplin idéal. Il améliore la culture financière de nos compatriotes, jugée très insuffisante, et contribue à la stabilisation du capital, à la cohésion sociale et à l'équilibre de la gouvernance dans nos entreprises. Mais si la volonté est là, les moyens à mettre en place semblent démesurés pour la plupart des dirigeants de PME français. À tel point qu'il existe peu de statistiques sur l'actionnariat salarié en dehors des entreprises cotées, qui sont plus de 80 % à l'avoir mis en place, majoritairement à travers un fonds commun de placement d'entreprise (FCPE). Celui-ci s'avère toutefois coûteux et complexe à mettre en place dans une PME. L'actionnariat en direct se révèle plus pertinent, d'autant plus que les dirigeants voient en lui la combinaison d'un engagement financier et d'un *affectio societatis* qui donne un sens plus fort à la démarche.

Des mesures incitatives encore nécessaires

L'essor de l'actionnariat salarié en direct dans les PME françaises requiert des mesures de simplification ou d'incitation. Nous savons par exemple que le logement de titres non cotés dans un PEA-PME est un parcours du combattant du fait de la réticence des établissements bancaires qui, à leur décharge, peinent à obtenir des sociétés non cotées les documents requis ; le régime fiscal de détention d'actions, que l'on soit salarié ou non, doit être harmonisé ; les droits d'enregistrement sur cessions d'actions doivent être supprimés en deçà d'un certain montant de transaction ; la notion de contrat de liquidité qui existe pour les sociétés cotées devrait être transposable au non coté pour favoriser la liquidité.

Un engagement encore plus fort de tous les acteurs de la chaîne, y compris des pouvoirs publics, doit rendre l'actionnariat salarié en direct plus attrayant et surtout accessible aux PME et ETI non cotées. Aux États-Unis, le système de retraite par capitalisation stimule naturellement l'actionnariat salarié. En France, notre système de retraite par répartition ne doit pas être un frein à l'investissement en actions car c'est la meilleure manière de faire enfin émerger un capitalisme plus participatif.

Une vision plus sociale et humaniste

Si la pandémie a montré que nous devions accepter de penser autrement, en France, les conservatismes restent puissants. Pour améliorer le pouvoir d'achat, il existe des pistes alternatives et progressives aux revendications sociales traditionnelles telles que l'augmentation des salaires et des rémunérations. Elles se fondent sur une vision plus sociale et humaniste de l'entreprise qui ne fait pas l'impasse sur sa rentabilité : former, qualifier les salariés tout au long de leur parcours dans l'entreprise, leur permettre de travailler plus en se faisant payer des heures supplémentaires défiscalisées, ou encore améliorer les conditions de travail et les perspectives d'évolution, redonner plus de sens à un travail qui ressort parfois « désacralisé » de la crise sanitaire.

Aujourd'hui, comment ne pas oser affirmer que, entrepreneurs comme salariés, nous voulons mieux vivre au travail et y trouver de la dignité ? Autant de pistes qu'il faut résolument emprunter pour réussir, ensemble, l'indispensable transformation responsable de notre pacte social.

FOCUS

RÉDUIRE LA DÉPENSE PUBLIQUE, Y COMPRIS EN LUTTANT CONTRE TOUTES SES FRAUDES

Depuis 2017, la politique de l'offre favorable aux entreprises, avec notamment une baisse de la fiscalité et une simplification des normes, a démontré toute sa pertinence pour la compétitivité et l'emploi. Et même pour les finances publiques ! Par exemple, plus le taux de l'impôt sur les sociétés a baissé de 33 % à 25 %, plus son rendement a augmenté grâce aux créations d'entreprises et à l'élargissement de son assiette. C'est l'illustration *a contrario* de la courbe de Laffer : moins d'impôt… revitalise l'impôt ! Plus largement, l'amélioration de la compétitivité des entreprises et du marché de l'emploi est la meilleure des protections pour le pouvoir d'achat des Français.

La France n'en demeure pas moins un pays « taxivore » car accro à la dépense publique. Cette dépense publique excessive est la source de la plupart des maux du pays et pour toutes les parties prenantes — État, collectivités publiques, entreprises, particuliers, etc. Elle explique notamment que la France soit championne toutes catégories des prélèvements obligatoires, qu'il s'agisse des impôts, des taxes ou des cotisations diverses.

Il y a deux façons de réduire le déficit et la dette de la France : augmenter les ressources et/ou diminuer les charges. Si l'augmentation des ressources apparaît délicate en l'état du temps de travail annuel légal des Français, diminuer la dépense publique est la seule façon de préserver la politique de l'offre et de financer certaines transformations indispensables pour améliorer leur existant et leur permettre un meilleur futur. Et pour réduire la dépense publique, commençons par renforcer la lutte contre toutes ses fraudes, fiscales et sociales. Les PME ont d'ailleurs un rôle important à jouer en contrôlant mieux les arrêts maladie abusifs.

3
Mieux vivre et travailler dans les régions

Certes, de tous temps, la liberté d'aller et de venir a été contrôlée par l'État, les puissants, car elle est un enjeu politique, économique et fiscal ; un enjeu sanitaire aussi, comme l'ont rappelé les restrictions de déplacements pendant la Covid. Aujourd'hui, ce sont toutefois des groupes catégoriels minoritaires qui, trop souvent, confisquent la démocratie et prennent en otage la vie sociale. C'est d'autant plus inacceptable qu'un jour de grève coûte, au bas mot, 1,5 milliard d'euros pour la France, dont 0,5 pour la seule Ile-de-France…

Se déplacer, un droit économique

À Paris, les grèves dans les transports, les manifestations récurrentes, les confinements, les couvre-feux, modifient progressivement et durablement les déplacements et les zones de chalandise. Certains commerces et services y ont ainsi perdu jusqu'à 50 % de leur clientèle les samedis. Ils ne la récupéreront probablement jamais… *A fortiori* lorsque se succèdent les réformes des mobilités insuffisamment concertées : restrictions de circulation, renchérissement du stationnement payant, zones à trafic limité (ZTL), zones à faibles émissions mobilité (ZFE-m) dans les métropoles françaises qui en ont fait le choix…

Ces changements impactent durablement la vie économique et sociale, notamment celle des entreprises et des particuliers les plus fragiles. L'exaspération de tous les travailleurs non sédentaires est déjà là. Attention à la double peine qui pourrait frapper les petits patrons, les collaborateurs, les fournisseurs, les sous-traitants et les clients, dans leur travail et dans leur vie. Après avoir dû déménager des centres-villes, ils seraient interdits d'y revenir. L'acronyme ZFE deviendrait alors synonyme de « zone à forte entrave » des professionnels et de « zone à forte exclusion » des classes moyennes… Une vraie injustice pour les ménages financièrement les plus fragiles.

Enfin un vrai service minimum des mobilités

D'aucuns ont bien essayé de concilier droit de grève à valeur constitutionnelle et principe de continuité des services publics en prévoyant un service minimum, notamment dans les transports en commun. Mais si ce service minimum est prévu par la loi du 21 août 2007 sur « le dialogue social et la continuité du service public dans les transports terrestres réguliers de voyageurs », son obligation n'est que de nature conventionnelle, non pas légale. Le syndicat Ile-de-France Mobilités exige par exemple de la RATP un niveau de service d'au moins 50 % pendant les heures de pointe. L'application laisse évidemment à désirer…

Dans les grandes régions, faire l'autruche ou surfer sur la gentrification des quartiers des grandes villes est un calcul habile mais un vrai manque de courage politique. Légaliser le service minimum dans les transports marquerait une avancée significative pour la liberté d'aller et de venir, partant celle de travailler. Comment les organisations syndicales peuvent-elles encore justifier le maintien de la protection syndicale à ceux de leurs élus qui ne respectent pas les accords qu'elles signent institutionnellement, les résultats des négociations dans l'entreprise, le vote majoritaire des organisations représentatives, les conditions d'hygiène et de sécurité, la mise en place d'un service minimum de 50 % du trafic et de la vie de l'entreprise ?

D'autant que, au moment où les acteurs économiques se mobilisent pour plus de sobriété, la facture économique, financière et écologique de ces actions « nihilistes » reste à la charge de la communauté, accroît notre dette et ne fait que retarder la mise en place des nouvelles mobilités plus durables, responsables et accessibles aux petits entrepreneurs comme à leurs collaborateurs.

L'indispensable dialogue multipartite

Au-delà du signal négatif que ces mouvements plus ou moins contrôlés donnent de la stabilité sociale de la France, il faut retrouver le chemin de l'intérêt général et du bien commun. Et affirmer l'utilité sociétale des entreprises au cœur des villes. Les entreprises ne peuvent pas sempiternellement assumer seules des pertes de chiffre d'affaires alors qu'elles affrontent déjà la féroce concurrence des géants du web et que certains politiques prônent matin, midi et soir, la guérilla idéologique tous azimuts, au Parlement et dans la rue. Ces mêmes entreprises doivent, en revanche, assumer leur responsabilité sociétale et jouer — enfin ! — pleinement leur rôle dans la vie des territoires et des quartiers. Et intervenir auprès des décideurs pour favoriser le logement de proximité dans le parc social des quartiers.

Mon engagement pour une France plus décentralisée reste intact. Mais, dans un paysage économique atomisé et un contexte politique déstructuré, seul l'État dans les régions dispose de l'autorité nécessaire pour réunir l'ensemble des parties prenantes concernées dans des « états généraux de la démocratie et de la sécurité économique ». Pour quoi faire ? Pour que ces parties prenantes se parlent, s'écoutent, essaient de mieux se comprendre, et identifient ensemble les voies et les moyens d'améliorer rapidement, clairement et durablement, dans le respect du droit constitutionnel de manifester, la situation sécuritaire économique. En un mot, pour mieux vivre et mieux travailler dans les régions !

FOCUS

FACILITER LES TRAJETS DOMICILE-TRAVAIL, UN ENJEU DE SOCIÉTÉ

Chaque jour, une grande partie de la population active est concernée par les mobilités pendulaires (domicile-travail), voire triangulaires (écoles, tiers-lieux...). Pour de nombreux actifs, ces trajets sont des contraintes mal vécues qui distendent les liens avec leur entreprise comme avec leurs proches. En moyenne, plus un employé doit se déplacer, moins il est présent dans l'entreprise au quotidien et plus il est absent sur l'année. Ainsi les Franciliens effectuant plus d'une heure de déplacements pendulaires quotidiens ne se projettent-ils pas à long terme dans leur entreprise. C'est tout particulièrement le cas pour les familles monoparentales, dont l'investissement au sein de l'entreprise et les relations sociales se trouvent inévitablement très impactées.

Il existe un effet « ciseaux ». La qualité des transports en commun baisse tandis que le coût du logement augmente. Bien qu'elle soit un critère important de l'attractivité économique, la qualité de service des transports en commun s'est nettement dégradée ces dernières années. À Paris, les lignes de bus et de métro sont saturées et ne peuvent plus transporter les usagers dans de bonnes conditions. Le prix élevé du logement, à l'achat comme à la location, notamment dans les aires métropolitaines, oblige nombre d'actifs à se loger de plus en plus loin de leur lieu de travail. Cet éloignement subi est prégnant pour les métiers non télétravaillables, souvent en tension et en horaires décalés (hôtellerie-restauration, nettoyage, santé, sécurité, etc.). Le marché de l'immobilier est déséquilibré par une offre très inférieure à la demande, ce qui renchérit les prix, engorge l'accès au logement social et creuse les inégalités d'accès à la propriété aux dépens des professions intermédiaires, des employés et des ouvriers. Le logement des collaborateurs est devenu une préoccupation majeure des entreprises soucieuses de fidéliser les emplois et les compétences.

Faciliter les déplacements pendulaires est un véritable enjeu de société. Pour desserrer l'étau de la contrainte des trajets domicile-travail, en réduisant leur durée et en augmentant leur qualité, il faut donc actionner plusieurs leviers, à commencer par l'accès au logement et l'amélioration des transports en commun. Sans bloquer les prix des loyers, une fausse bonne idée mettant en difficulté les petits propriétaires individuels, mais plutôt avec une politique du logement favorable aux familles et aux classes moyennes. Sans augmenter les tarifs des transports en commun, mais plutôt en développant la multimodalité et l'intermodalité.

Les bonnes idées pour y arriver

☑ **Reconvertir** les surfaces de bureaux et d'activités économiques qui sont en vacance durable, en logements locatifs sociaux fléchés pour faciliter l'accession sociale à la propriété.

☑ **Donner** aux clients des commerces de proximité l'accès provisoire aux zones de livraison non utilisées dans la journée afin qu'ils puissent déposer ou récupérer des produits.

☑ **Développer** les terrasses des cafés, restaurants, boulangeries, traiteurs, chocolatiers et activités de bouche afin de soutenir la promotion des produits locaux et l'animation commerciale.

☑ **Renforcer** la lutte contre les nuisances sonores afin d'améliorer la qualité de vie des riverains en accélérant l'installation de radars sonores.

☑ **Ouvrir** les gymnases, les stades et les établissements sportifs aux entreprises, tôt le matin ou aux heures de déjeuner, afin d'encourager la pratique sportive de proximité et la santé au travail.

Partie 2

MIEUX RESPIRER

4
L'horizon de la RSE

À l'instar de la diversité et de l'égalité des chances dans l'entreprise, la responsabilité sociale ou sociétale des entreprises (RSE) a été la découverte des grandes entreprises des années 1980 et de leurs services communication et marketing, afin de passer du « monde de Zola » au monde d'aujourd'hui. Les PME la pratiquaient pour ainsi dire naturellement dans le cadre de leurs activités, un peu comme Monsieur Jourdain faisait de la prose... La RSE est l'intégration volontaire par les entreprises des enjeux du développement durable — les préoccupations ESG — à leurs activités commerciales et à leurs relations avec les parties prenantes. Son objectif ? Conjuguer les performances économique, environnementale et sociale, de sorte à rester économiquement viable tout en ayant un impact positif sur la société et dans le monde. Cet objectif induit d'évaluer les actions à l'aune d'une performance plurielle, souvent délimitée par sept grandes thématiques : relations et conditions de travail, gouvernance de l'organisation, loyauté des pratiques, questions relatives aux consommateurs, communautés et développement local, droits de l'homme, environnement.

Engagement et impact

L'idée sous-jacente est la suivante : alors qu'elle y plonge ses racines et y puise sa force, l'entreprise ne saurait être durablement prospère dans une société, avec des collaborateurs et dans un monde qui ne le seraient pas aussi. L'entreprise n'est pas qu'un lieu d'exploitation des ressources, elle est également un lieu de sociabilité et de solidarité. La démarche RSE a ainsi un effet « gagnant-gagnant » pour la société, les collaborateurs et l'entreprise, en élargissant tous les horizons de cette dernière : son horizon spatial (élargi à toutes les parties prenantes) et son horizon temporel (élargi au long terme).

La RSE est dans l'intérêt durable bien compris de toutes les entreprises. Quelles que soient leurs activités. Elle montre que l'entreprise est dans le mouvement et dans une dynamique entrepreneuriale. Concrètement, la démarche RSE est bénéfique et vertueuse pour l'entreprise en externe comme en interne. En externe, elle lui permet d'affirmer son positionnement en tant qu'acteur engagé et de se différencier commercialement, d'améliorer son image et sa réputation, de réaliser des économies, de gagner en productivité et d'améliorer sa compétitivité pour être plus concurrentielle. Elle lui permet aussi de fidéliser les clients, partenaires et fournisseurs, tout en attirant les talents. En interne, la RSE permet à l'entreprise de mettre en place une vision stratégique partagée, d'engager, mobiliser et fidéliser les collaborateurs autour d'un projet et d'une image de marque employeur revalorisée, et d'augmenter les performances en (re)donnant du sens. *In fine*, la RSE permet donc à l'entreprise de pérenniser son activité grâce à l'anticipation des menaces et à l'identification des opportunités.

Soucieuse des conséquences de son activité, cette entreprise « citoyenne » ne fait pas l'économie d'une interrogation sur ses partenaires et ses rapports commerciaux internationaux. Elle se positionne alors souvent au cas par cas. Elle accepte de commercer dès que possible, y compris pour « engager » ses partenaires et contribuer à tirer leurs standards sociétaux vers le haut. Mais elle refuse de commercer chaque fois que nécessaire, dès lors qu'il apparaît plus efficace de passer par la non-coopération pour inciter à modifier positivement un *statu quo* inacceptable.

Pour les PME, pas « si » mais « quand »

La crise sanitaire a encore renforcé l'importance stratégique de la démarche RSE. Pendant cette période sans visibilité et difficile, chacun — dirigeants, collaborateurs, actionnaires, partenaires, clients, fournisseurs, pouvoirs publics — s'est mobilisé dans un état d'esprit « combatif » pour assumer, au jour le jour, des responsabilités accrues, mettre en pratique certaines valeurs extra-financières d'entraide et de solidarité, chercher à redonner et retrouver du sens au travail, et prendre la mesure de nouveaux enjeux sociétaux. Un exemple évident avec les achats : les entreprises engagées dans une politique d'achats responsables ont réussi à s'adapter plus facilement pour maintenir leur activité. Cet « effet Covid » a aussi pu être observé dans le décloisonnement des sphères d'activité entre lesquelles subsistent parfois des frontières artificielles, par exemple l'économique et le politique.

Si le « monde d'après » reste manifestement plus proche de celui de 2019 que de celui pensé, anticipé et souhaité pendant le remue-méninges confiné du printemps 2020, il ne faudrait toutefois pas gâcher la crise en renonçant à en tirer les bonnes leçons. Nombreux sont ainsi les entrepreneurs et les salariés qui ne veulent pas se contenter des accélérations acquises (e-commerce, télétravail, etc.), mais attendent les transformations promises, pour une économie plus verte, humaine et responsable en lien avec nos territoires. Autrement dit, ils veulent transformer l'essai. Avec la pénurie de matériaux et la crise énergétique, faire le gros dos en attendant des jours meilleurs aurait abouti à sous-estimer gravement les mutations profondes à l'œuvre dans le monde de l'entreprise. D'une crise à l'autre, c'est tout le rapport du tissu productif à notre économie et notre société qui est bouleversé. Et auquel les PME doivent s'adapter.

Aujourd'hui, si la plupart des grandes entreprises disposent d'une organisation RSE dédiée, il n'en va pas de même pour les PME, *a fortiori* les TPE. Outre les manques de moyens et de temps, les freins à l'intégration de la RSE dans leur stratégie sont divers. Certaines PME appréhendent les risques juridiques associés à l'adoption d'une raison d'être, qui pourraient entraîner des poursuites devant les tribunaux, contre elles-mêmes ou leurs dirigeants. D'autres déplorent l'absence de contrepartie financière : il n'existe pas par exemple de régime fiscal allégé.

La démarche RSE n'entend pas moins à se généraliser, sous le double effet du marché et de la réglementation française et européenne. Côté marché, les clients et donneurs d'ordre sont de plus en plus exigeants vis-à-vis de leurs entreprises et fournisseurs dont ils attendent des actions pour un entrepreneuriat davantage responsable. À mesure que le levier réputationnel gagne par ailleurs en efficacité, la consommation responsable du « consom'acteur », cet individu mû par des préoccupations à mi-chemin entre l'*homo oeconomicus* et l'*homo civicus*, devient un enjeu décisif.

Côté réglementation, si l'obligation de s'engager dans une démarche RSE formalisée par un reporting de performance extra-financière ne concerne aujourd'hui que les grandes entreprises et les ETI par une directive européenne, la question n'est probablement pas « si » mais « quand » pour une extension ultérieure aux PME, puis même aux TPE. Un peu plus de dix ans après la tragédie de l'usine textile Rana Plaza à Dacca, au Bangladesh, qui avait accru la pression médiatique et politique sur la responsabilité des multinationales, les eurodéputés ont récemment approuvé une directive sur le « devoir de vigilance », rendant les PME responsables de l'identification et de la prévention des risques humains et environnementaux à chaque étape de leur activité et d'un bout à l'autre de leur chaîne de production et de commercialisation.

Autrement dit, l'actuel mouvement minoritaire anti-ESG qui a émergé aux États-Unis dans le sillage du mouvement anti-*woke*, apparaît davantage comme un chant du cygne de certains intérêts économiques établis, fragilisés par la RSE, que comme une contre-révolution en devenir.

D'abord un gisement d'opportunités

Toutes les entreprises peuvent mettre en œuvre une démarche RSE, quelle que soient leur taille, leur statut ou leur secteur d'activité. Y compris les PME. Je crois même, et c'est l'une des idées-forces de cet essai, que les PME ont vocation à incarner mieux que d'autres la démarche RSE, puisque ce sont précisément des entreprises de proximité, à taille humaine, agiles, dont la raison n'est pas simplement d'avoir, ni même d'être, mais d'agir.

D'autant que beaucoup de PME font déjà de la RSE sans forcément le savoir, le faire savoir, ni le formaliser. Elles réalisent un auto-diagnostic volontaire et un plan d'actions pertinentes, à la mesure de leurs moyens et en cohérence avec leur identité de marque, afin de disposer des grandes lignes d'une démarche RSE valorisable auprès de leur clientèle et de leurs donneurs d'ordre. Elles sont d'ailleurs parfois « RSE natives » et placent alors d'emblée la performance extra-financière au cœur de leur compétitivité future. Aujourd'hui, les solutions dédiées aux PME se développent pour leur permettre de mesurer leur impact social et environnemental puis de s'acculturer à la démarche RSE, en valorisant leur performance extra-financière grâce à des indicateurs multiples de mesure des engagements.

Pour les PME, la démarche RSE est bien davantage une source d'opportunités que de menaces. Si certains expriment des inquiétudes quant à leur capacité d'investissement pour s'aligner sur les exigences de donneurs d'ordre de plus en plus soucieux de la performance RSE des fournisseurs et de la chaîne d'approvisionnement, rappelons que les PME françaises occupent la troisième place mondiale en matière de performance sociale et environnementale. Du fait de leur proximité et de leur taille humaine, les PME peuvent plus facilement atteindre et valoriser certaines thématiques de la démarche RSE. Ainsi de l'un des avantages concurrentiels induits par la RSE qu'est la transparence des données. Cette transparence peut être valorisée auprès des futurs clients, consommateurs particuliers mais aussi acheteurs professionnels ou grands donneurs d'ordre publics dans le cadre d'appels d'offres. Si on n'essaie pas de leur appliquer les grilles de référence des grandes entreprises, le mouvement RSE est donc pour elles un atout compétitif créateur d'opportunités.

RSE aussi pour… responsabilité sportive des entreprises !

Les mondes de l'entreprise et du sport partagent une communauté de valeurs et d'intérêts. « L'entrepreneur est un athlète », comme le rappelle dans son dernier ouvrage Alain Poilvez, psychologue du sport mobilisant ses compétences pour l'accompagnement des entrepreneurs[1]. À l'instar de l'athlète, l'entrepreneur a en effet le goût de l'audace, du risque, de la persévérance et de la performance, et la nécessité de la discipline personnelle et du travail d'équipe. En tant qu'employeur, l'entreprise encourage du reste souvent la pratique du sport, pour améliorer le bien-être des collaborateurs, renforcer l'esprit d'équipe et accroître la productivité. *Last but not least*, cette pratique garantit la qualité de vie au travail, diminue l'absentéisme et apprécie l'image de l'entreprise. Le sport est par ailleurs un formidable levier de progrès social et sociétal, notamment dans les domaines de l'éducation, la santé, l'inclusion sociale, la cohésion territoriale. Sans oublier la citoyenneté. Pour tous les acteurs engagés en faveur d'une « entreprise citoyenne » qui assume pleinement son rôle dans la vie du territoire, le sport a ainsi le pouvoir d'offrir un cadre pour l'apprentissage des valeurs qui contribuent au développement des compétences individuelles et collectives nécessaires à l'exercice d'une citoyenneté responsable.

À quelques mois de l'échéance des Jeux olympiques et paralympiques (JOP) de Paris 2024, il est temps de sonner la

1. *Réussir l'impossible : les défis du mental et les conditions de la réussite*, Gereso, 2019.

mobilisation générale pour que les entreprises, *via* leur politique RSE, s'impliquent enfin dans le développement du sport dans leur région. Il faut réussir le pari de concilier l'économie responsable, le sportif et l'humain ! Et de réconcilier la pratique du sport des villes avec celles des zones rurales. Promouvoir le sport, c'est s'engager pour une meilleure qualité de travail dans l'entreprise. Au-delà, l'engagement actif du monde économique dans le développement du sport est sûrement une condition pour mobiliser la population autour des JOP de Paris 2024 et faire enfin de la France une véritable nation sportive. Les entreprises désireuses de soutenir financièrement un projet sportif territorial ont une large gamme de choix dans les bénéficiaires d'un soutien, des sportifs en situation de handicap aux maisons sport-santé, en passant par les actions pour une meilleure santé à travers « le sport pour tous » et, bien sûr, les hauts potentiels sportifs, pour lesquels une aide est d'autant plus vitale qu'ils vivent souvent en dessous du seuil de pauvreté…

FOCUS

FAVORISER UN TOURISME PLUS DURABLE ET RESPONSABLE

Le tourisme est un atout majeur pour le développement économique, l'attractivité et le rayonnement international de notre pays. En 2022, la France a accueilli 75 millions de touristes internationaux, générant 57,9 milliards d'euros de recettes internationales. La stabilité politique et économique, de même que la garantie de sécurité des personnes et des biens, jouent un rôle probablement central dans l'évolution positive des réservations de la clientèle internationale.

Première destination touristique mondiale, Paris et la région Île-de-France ont retrouvé des chiffres de fréquentation en croissance, en nombre de personnes comme d'entrées hôtelières, même s'ils restent en dessous de ceux de 2019, y compris en matière de réservations aériennes. Mais le tourisme de masse ou « surtourisme » est devenu un enjeu dont le traitement doit être renforcé, à Paris comme ailleurs, pour que ne se réalise pas la menace de villes « musées ».

Dans certains quartiers, la concurrence déloyale (notamment aux plans fiscal et réglementaire) des locations meublées touristiques saisonnières crée un manque à gagner pour le secteur indépendant de l'hôtellerie, raréfie l'offre de location de logements, crée des nuisances pour les habitants de ces immeubles et distend le lien social dans les quartiers. Certes, les plates-formes de locations meublées touristiques saisonnières ont permis de diversifier l'offre d'hébergement touristique et d'apporter aux hôtes un complément de revenu. Mais la professionnalisation de certains de ces hôtes, la régulation insuffisante de la part des pouvoirs publics et l'accroissement du nombre de résidences secondaires contribuent depuis plusieurs années à tendre le marché immobilier et à générer un effet d'éviction des habitants et des salariés parisiens. Restreindre ce type de location à 30 jours par an est devenu une impérieuse nécessité. D'autres grandes métropoles l'ont déjà décidé et mis en œuvre à l'étranger.

Alors qu'une personne sur quatre ne part pas en vacances en France faute de moyens financiers, il convient d'encourager davantage le tourisme régional, de développer les labels d'appellations régionales, d'accompagner tous les métiers de l'animation diurne et des spectacles nocturnes — souvent des indépendants — pour actionner le levier du développement culturel, économique et artisanal, lequel profite à tous, touristes étrangers et touristes régionaux. Enfin, bien sûr, il faut améliorer l'accessibilité des transports en commun et des lieux touristiques pour les personnes en situation de handicap ou à mobilité réduite. Soit dit en passant, l'accélération de la mise en accessibilité pour les personnes handicapées et l'évolution des mentalités sur le handicap seraient l'un des plus beaux héritages des Jeux olympiques et paralympiques de Paris 2024.

5

La numérisation des PME, grande cause nationale

Contrairement à une idée reçue, la numérisation des PME est un défi dans toutes les régions de France. Ces PME peinent à rattraper leur retard numérique en dépit de récents progrès. Leur numérisation devrait devenir une priorité.

Des progrès encourageants

La transformation numérique des PME progresse. Service, commerce, artisanat, monde agricole : elles sont de plus en plus nombreuses à se numériser. À la bonne heure ! Car la connectivité est décisive pour stimuler compétitivité et croissance, contribuer à l'attractivité du territoire, simplifier certaines tâches.

La Covid avait accéléré cette numérisation. C'est l'accès à l'internet très haut débit qui a permis tous les plans de continuité d'activité « en distanciel ». Nombre de PME ont pu poursuivre leurs activités en étant visibles sur internet, en communiquant avec leurs clients et leurs collaborateurs, en facilitant la commande et le paiement, en adoptant de nouveaux outils de gestion et de logistique.

Le numérique n'a pas été qu'une planche de salut : bon gré mal gré, les PME qui se sont transformées ont aussi renforcé leur compétitivité.

Un retard persistant

En dépit de ces progrès et des initiatives publiques et privées prises pour encourager et faciliter la numérisation, les PME françaises peinent à rattraper leur retard numérique.

Plusieurs raisons l’expliquent : manque de ressources financières, défaut d’adéquation à la demande d’offres de solutions numériques fragmentées, diversité des besoins des entreprises, manque de compétences numériques, difficulté à identifier le potentiel de la numérisation dans un métier, crainte d’une moindre efficience des outils numériques, peur de la cyber-malveillance… Les freins sont d’autant plus prégnants dans les PME qu’elles manquent d’expertise, de moyens et de temps.

Or celles qui rateraient le train d’une technologie numérique comme la fibre passeront à côté d’une transformation décisive des usages, tant le niveau de débit et l’instantanéité des échanges améliorent la productivité, tant elle garantit un niveau de sécurité des échanges et des transferts, tant sa latence permet d’envisager des utilisations pointues pour la logistique, le pilotage de la chaîne de production, etc.

Relever le défi

L’un des défis majeurs est d’avoir des réseaux et des services renforcés. Cela implique d’investir dans une infrastructure réseau solide, de renforcer la sécurité des données, d’explorer les possibilités de l’informatique en nuage, de transformer les services existants, de développer les compétences nécessaires.

C’est avec les efforts continus du gouvernement, des régions, des acteurs publics et privés, des opérateurs, que les PME s’engageront pleinement dans la révolution numérique et resteront compétitives. Parce qu’elle est une priorité dans toutes les régions, je plaide donc pour faire de la numérisation des PME une « grande cause nationale ».

FOCUS

SOUTENIR LA TRANSFORMATION NUMÉRIQUE ET LA CYBERPROTECTION DES PME

La transformation numérique des entreprises de moins de dix salariés doit devenir une priorité nationale, à l'instar du déploiement du haut débit et du très haut débit sur notre territoire. En France, les PME du commerce, de l'artisanat et des services sont encore aujourd'hui sous-équipées, voire mal équipées, en matière de vitrines numériques, de ventes à distance et de logiciels de paiement à distance ou de gestion des relations clients. Les outils mis en place relèvent du système D comme débrouille, ou de la juxtaposition d'outils numériques dépendants de partenaires extérieurs, sans contrôle possible des utilisateurs.

Les nouvelles habitudes de consommation (commande, vente et paiement à distance…) et les nouvelles modalités d'organisation du travail (télétravail, semaine de 4 jours…) rendent indispensable la mise en place d'outils numériques dédiés dans les petites structures économiques, la formation des entrepreneurs et de leurs collaborateurs. L'utilisation généralisée des smartphones, de l'internet accessible à tous dans certains lieux publics ou privés (gares, aéroports, centres commerciaux…), le déploiement de la 5G et de la fibre accroissent par ailleurs l'exposition des acteurs économiques aux cyber-attaques et aux rançongiciels. Entre 2019 et 2020, ce risque a été multiplié par 4. Pour ces raisons, le rôle d'accompagnement des régions est devenu incontournable pour le soutien financier et la sécurisation numérique des PME.

L'action doit prioritairement cibler les entreprises les plus vulnérables. C'est pourquoi il faut, dans les régions, créer ou étendre des chèques numériques aux PME de tous les secteurs ; financer en partie les dépenses de diagnostics et d'équipements ; accompagner le développement de plates-formes numériques pour les commerces de proximité ; accompagner les PME pour la formation des entrepreneurs et des salariés à la cybersécurité ; encourager la souscription d'assurances contre le risque cyber, la création d'une fonction de responsable de la sécurité des systèmes d'information et la réalisation d'audits de sécurité ; créer dans les régions une plate-forme composée de professionnels de la cybersécurité pour accompagner les entrepreneurs franciliens 24h/7j ; promouvoir en proximité les actions de l'Agence nationale de la sécurité des systèmes d'information (ANSSI).

6
Verdir le financement, financer le verdissement

La transition écologique passera par la transformation de l'économie et le verdissement de l'activité. Chacun en convient désormais d'autant mieux qu'elle devient un facteur d'innovation et de compétitivité, aux côtés de la responsabilité sociétale des entreprises et de la qualité de vie au travail. Les entreprises ont compris qu'elles avaient un intérêt à agir pour elles-mêmes, sur le plan opérationnel et/ou stratégique, indépendamment de toute « communication verte ». En dépit d'une conjoncture agitée qui ne la facilite pas, toutes les parties prenantes sont donc plus exigeantes sur les enjeux de cette transition structurelle. De la loi d'orientation des mobilités à celle relative à l'industrie verte, le législateur essaie, lui aussi, de verdir les activités existantes et de développer les filières d'avenir.

Par nature, les PME sont plutôt « *green friendly* ». Entreprises de proximité à taille humaine, elles se distinguent par la souplesse de leur organisation, la poly-compétence de leurs collaborateurs et leurs intérêts à agir dans la vie des territoires avec lesquels elles sont en prise directe. Autant de caractéristiques qui les prédisposent favorablement vis-à-vis des transitions nécessaires pour une économie plus verte.

Un besoin inédit de financement

Pour que les PME soient les forces motrices des transitions attendues dans leurs territoires, elles ont besoin d'investir dans leur transformation et de financer cet investissement. L'ampleur des besoins de financement est sans précédent. Encore novices, déjà sensibilisées, voire engagées, elles ont donc toutes besoin d'être accompagnées pour faire de la transition écologique un objectif stratégique et réussir leur transformation. C'est parce qu'elle est un processus exigeant que la transition écologique requiert la mobilisation de tous les acteurs, publics et privés.

Les pouvoirs publics, d'abord, doivent accompagner l'adaptation des acteurs économiques et des territoires, dans leur grande diversité, à la nouvelle donne écologique positive. Ils doivent aussi anticiper et préparer l'avenir économique.

Les congrès annuels du FMI et de la Banque mondiale qui se sont déroulés au Maroc en octobre 2023 ont pu montrer que, pour financer la transition, il faut aussi donner la priorité à l'innovation financière, avec de nouvelles formes de partenariats et de prêts. En France, avec un certain nombre d'acteurs économiques, nous recommandons de développer de nouveaux instruments de financement de long terme des investissements verts sur le modèle des « obligations relance » et des « prêts participatifs relance ». Le plan d'épargne Avenir Climat prévu par la loi Industrie verte votée également en octobre 2023 pour engager les jeunes dans la transition écologique pourrait être, dans son domaine, intéressant. Encore faudra-t-il accompagner les entreprises vers la promotion des nouveaux métiers et de l'évolution des emplois vers des pratiques plus durables, plus circulaires et responsables.

Mobiliser tous les capitaux privés

Il faut enfin mobiliser l'épargne privée. L'investissement dans le capital des PME, pour renforcer leurs fonds propres, doit être encouragé par des incitations fiscales. La finance responsable joue un rôle crucial pour encourager et permettre aux PME d'investir dans leur politique RSE en intégrant les enjeux du développement durable à leurs activités et relations.

Le capital n'est pas seulement financier, il est aussi humain. Les efforts de formation pour faciliter la reconversion des salariés vers les métiers verts pourraient faire l'objet d'incitations financières dans le cadre du compte personnel de formation. Les dispositifs d'orientation des jeunes vers ces métiers pourraient être améliorés.

« Consom'acteur »

Si l'économie verte catalyse de nouveaux modèles économiques, en repensant les besoins, en sourçant plus local, en luttant contre l'obsolescence programmée, en réduisant les gaspillages, elle induit aussi la consommation responsable du « consom'acteur ».

Ce dernier se trouve à mi-chemin de l'économie et de la politique : consommer responsable, c'est aussi pour lui une façon de pallier la crise de la démocratie représentative en faisant valoir ses attentes par le changement concret des usages socio-économiques, plutôt que par le renouvellement, parfois peu concluant, des visages politiques, patronaux, syndicaux centrés sur eux-mêmes et les appareils partisans.

FOCUS

LES PME BIENTÔT À L'AVANT-GARDE DE L'ÉCONOMIE CIRCULAIRE ?

Acteurs économiques de proximité sur le terrain, les PME pourraient être amenées à jouer un rôle central dans l'économie circulaire, modèle économique subsumant diverses notions pour couvrir une production « vertueuse » des biens et des services depuis l'exploitation de leurs matières premières jusqu'au traitement de leurs déchets.

Les mentalités, les attitudes et les comportements ont évolué chez les entrepreneurs, les salariés et les consommateurs. Depuis la crise sanitaire, les attentes sont bien réelles. Mais la majorité des déchets recyclables des PME dans les régions restent peu, mal, voire pas du tout, traités. Et lorsque des initiatives existent, elles sont encore trop souvent atomisées et peu visibles. Que manque-t-il pour placer les PME à l'avant-garde de l'économie circulaire ?

Il manque une impulsion régionale démultipliée par des relais municipaux. Citons pêle-mêle, parmi les idées à impulser et à relayer, l'encouragement de la récupération et de la valorisation des déchets des bureaux et des chantiers, le renforcement de la lutte contre les dépôts sauvages, le financement des démarches industrielles d'éco-production et d'économie circulaire, la lutte contre l'obsolescence programmée et le soutien aux projets de surcyclage, de réemploi et de réparation, le déploiement du tri sélectif dans les entreprises de proximité et les transports en commun, le financement du développement de la consigne de verre pour réemploi, ou encore la création de filières locales de traitement des batteries électriques usagées, de récupération des composants des appareils électroniques et ménagers usagés.

Last but not least, dans une démarche de gestion prospective des ressources humaines, il faudrait mettre en place des formations *ad hoc* pour accompagner ce changement de l'économie circulaire.

7
Lever le grand malentendu des ZFE-m

Qui ne veut pas tout faire pour éviter les 40 000 décès prématurés annuels que Santé publique France impute à la pollution atmosphérique ? Si l'objectif de qualité de l'air et de santé publique poursuivi par les « zones à faibles émissions mobilité » (ZFE-m) reste consensuel, le calendrier et les modalités de mise en œuvre de cet outil soulèvent des problèmes, compromettant le calendrier de ses prochaines étapes, notamment l'interdiction à la circulation des véhicules catégories Crit'Air 3. Heureusement, le contexte a évolué, des alternatives existent et les acteurs économiques, touchés dans leur activité, notamment les PME, sont force de propositions. Trop rares sont les présidents ou présidentes d'exécutifs régionaux qui se sont exprimés clairement sur le sujet.

Un consensus fragilisé

Interdire progressivement la circulation des véhicules les plus polluants dans les villes déjà les plus polluées est l'objectif écologique des ZFE-m. État, citoyens, salariés, chefs d'entreprise, tous partagent l'objectif de réduction de la pollution pour répondre aux enjeux de transition écologique et de santé publique. Cela n'a pas toujours été le cas. La motorisation diesel a longtemps été encouragée par les pouvoirs publics…

La mesure écologique est toutefois perçue comme discriminatoire et punitive, tant les situations divergent face au choix d'une alternative. Aux inégalités sociales s'ajoute la disparité territoriale des services de transport en commun. Les unes se superposent souvent aux autres, creusant le fossé entre la France des grandes métropoles et celle des zones périphériques et rurales. En dépit des mesures d'accompagnement et du soutien aux alternatives de mobilité, le risque d'exclusion est évident pour les ménages les plus modestes et les entreprises fragiles.

Un outil daté ?

Artisans, PME et collaborateurs seront affectés, impactant le dynamisme entrepreneurial et l'attractivité économique du territoire. Il n'est pas illégitime de s'interroger : les péages étaient-ils finalement plus inégalitaires ? En 2020, malgré quelques cris d'orfraies, j'avais proposé d'installer un péage urbain diurne autour de Paris avec une tarification différenciée jusqu'à la gratuité partielle ou intégrale suivant le public et le véhicule.

L'outil des ZFE-m a été décidé au moment où il était perçu comme la moins mauvaise option. Depuis, le contexte a évolué. Des innovations invitent à « l'ouverture technologique ». Biocarburant produit à partir de la biomasse, carburant de synthèse produit à partir d'hydrogène, etc. L'Allemagne a d'ailleurs mis la pression sur la Commission européenne pour intégrer la possibilité d'utiliser ces carburants de synthèse dans la future réglementation et pouvoir prolonger la vente de voitures à moteurs thermiques après 2035.

Le souhaitable et le possible

Tous veulent donc s'engager pour l'évolution des mobilités dans un sens plus responsable. Mais sans aller plus vite que la musique. Dans le Grand Paris comme ailleurs, le calendrier du déploiement de la ZFE-m devrait faire l'objet d'une révision davantage concertée avec l'ensemble des parties prenantes. Toutes attendent plus d'aides à l'achat, de progressivité et de visibilité du calendrier, ainsi que le respect de principes : mise en place de dérogations dès lors que les alternatives n'existent pas encore, réversibilité possible du dispositif lorsqu'une agglomération repasse sous le seuil réglementaire de pollution atmosphérique, développement d'une infrastructure suffisante pour l'approvisionnement en énergies propres.

Alors que le pouvoir d'achat et les marges préoccupent les entreprises, le monde économique de proximité a besoin de garanties sur les choix technologiques, d'incitations fiscales, de dérogations et de facilités d'accès pour l'usage des biocarburants, l'octroi du statut de Crit'Air 1 aux véhicules utilitaires légers… Pour soutenir les alternatives aux véhicules thermiques individuels, il faut aussi aller plus loin en mettant fin aux politiques de mobilité punitives et en améliorant tous les vecteurs de l'intermodalité responsable. Face aux enjeux, il serait dommage, pour paraphraser Baudelaire, que ce soit par ce malentendu universel que tout le monde s'accorde.

FOCUS

LE CHEMIN DU PLEIN EMPLOI PASSE PAR LE LOGEMENT DE PROXIMITÉ

Quoique le marché de l'emploi varie d'une région et d'un département à l'autre, et si les Français à la recherche d'un emploi font confiance aux PME pour être des forces motrices de progrès, quasi tous les chefs d'entreprise dans les secteurs des métiers en tension — l'hôtellerie, la restauration, la santé, la sécurité, les services à la personne, le bâtiment, le numérique, etc. — sont à la recherche des compétences perdues depuis la crise sanitaire de la Covid et les évolutions subséquentes du rapport et de l'engagement au travail et à l'entreprise. Et lorsqu'ils trouvent ces compétences rares… ils peinent à les fidéliser !

Les difficultés d'accès au logement et les contraintes de mobilités expliquent désormais largement le « grippage » du marché de l'emploi. En 2035, en Île-de-France, par exemple, 30 % de la croissance de l'emploi — qui atteindra alors les 6,5 millions d'emplois — est attendue en grande couronne. Ce n'est donc qu'en relevant le défi de l'accès au logement social des classes moyennes, des familles — y compris monoparentales — et des personnes seules, que la France pourra rapprocher le domicile du travail et retrouver durablement le chemin du plein emploi.

Pour cela, les grandes villes des aires métropolitaines doivent mettre en place des politiques de partenariat avec les entreprises pour ouvrir leur parc de logement social aux différents salariés des métiers en tension. De tels partenariats pourraient aussi être mis en place pour favoriser l'emploi et l'inclusion économique d'autres catégories de travailleurs, à commencer par les personnes en situation de handicap, les seniors, les jeunes ménages.

L'employabilité de proximité apparaît ainsi comme la voie la plus sûre pour « réhumaniser » les quartiers et les centres villes, stabiliser la vie économique et sociale, favoriser la sécurité publique et desserrer « l'étau générationnel », notamment dans les secteurs d'avenir visant une économie plus verte et responsable dans ses processus de conception, de fabrication et de distribution.

Les bonnes idées pour y arriver

☑ **Reconvertir** les friches et les espaces artificialisés sous-occupés ou vacants au service des activités économiques (artisanales, commerciales, productives) et logistiques, ainsi que sanctuariser le foncier affecté et affectable à l'économie verte, en dotant les collectivités locales des moyens matériels et des outils juridiques pour dissocier foncier et bâti, mobiliser les financements publics et européens, obtenir des garanties financières.

☑ **Soutenir** la verticalisation du bâti dédié à l'activité économique afin de garantir des espaces verts, des zones d'agréments et de détente autour des activités économiques marchandes ou de productions.

☑ **Soutenir** la production d'énergie renouvelable, la récupération de l'énergie et les démarches de sobriété pour tous les bâtiments dédiés à l'activité économique.

☑ **Équiper** en panneaux et ombrières solaires les toits terrasses des immeubles et leurs parkings extérieurs.

☑ **Encourager** la végétalisation des toits terrasses des immeubles des entreprises dans les grandes villes pour contribuer à la nature en ville et à l'adaptation au changement climatique.

☑ **Promouvoir** l'économie circulaire dans les grandes villes en incitant les entreprises, par la gratuité et/ou des aides, à se mobiliser pour la collecte des déchets recyclables.

☑ **Accélérer** le déploiement de bornes de charge rapide dans les zones commerçantes des grandes villes.

☑ **Accompagner** les PME vers la neutralité carbone en leur offrant un diagnostic gratuit de mesure de leurs émissions de gaz à effet de serre, en les aidant à élaborer leur plan de décarbonation et en facilitant la formation de leurs collaborateurs.

☑ **Soutenir** le développement de la vente en vrac et de la consigne de verre pour réemploi.

Partie 3

MIEUX COHABITER

8
Soutenir résolument les PME

Si l'exécutif doit maintenant décider sous forte contrainte, en tenant compte aussi de la dégradation des finances publiques et d'une nouvelle union de la gauche critique de l'entreprise et promotrice de la « gréviculture », les PLF et PLFSS lui donnent nombre d'occasions de soutenir résolument les entreprises. L'orthodoxie budgétaire, c'est bien. Mais adapter notre économie et encourager nos PME vers une économie plus sobre, plus circulaire, plus responsable a un coût immédiat. L'État comme les régions doivent y participer avec des aides ciblées à destination des entreprises dans les territoires.

Poursuivre la politique de l'offre…

Jusqu'à présent, les deux quinquennats du Président de la République ont été positifs pour la compétitivité des entreprises, l'emploi et le pouvoir d'achat — les deux premiers étant les meilleures protections du troisième. La politique de l'offre a démontré toute sa pertinence avec la baisse de la fiscalité : plus le taux d'impôt baisse, plus son assiette s'élargit et plus son rendement augmente. C'est l'illustration de la courbe de Laffer !

La poursuite d'une politique de l'offre, avec la volonté renouvelée de baisser les impôts qui pèsent sur la production des entreprises et celle d'atteindre le plein emploi, notamment *via* une refonte de l'assurance-chômage, mérite d'être saluée.

En revanche, l'étalement de la suppression de la CVAE — initialement promise en une fois — a été un signal ambigu envoyé aux entreprises. Elles avaient d'autant plus besoin du coup de pouce initialement prévu (8 milliards d'euros) qu'il leur était demandé — et c'est bien légitime — de monter en première ligne dans la bataille du pouvoir d'achat et de contribuer à la réindustrialisation.

… en résistant à la pression de la démagogie fiscale

La poursuite de la politique de l'offre nécessite de résister à la pression de la démagogie fiscale. Mobiliser l'autorité de l'ancien chancelier Helmut Schmidt — dont l'adage « les profits d'aujourd'hui sont les investissements de demain et les emplois d'après-demain » reste valable — ne suffira pas. Le sempiternel discours contre les dividendes et les bénéfices va au rebours de la réalité économique et de la nécessaire bonne santé des entreprises afin qu'elles puissent jouer leur rôle sociétal.

Seule la réduction de la dépense publique inutile permettra de poursuivre la politique de l'offre, sans augmenter la dette ni les impôts, et tout en finançant les transformations indispensables. À ce titre, actionner le levier de la lutte contre les fraudes fiscale et sociale à la dépense publique est aussi utile qu'à propos, tant les sommes sont significatives. Mieux vaut combattre cette dépense indue que réduire les aides aux entreprises et aux particuliers qui subissent les difficultés liées à l'inflation et aux pénuries.

… et en faisant confiance aux entreprises

Face à ces incertitudes, le climat économique aurait pu être négatif. Mais ce serait sans compter sur la pugnacité des chefs de PME. Au pessimisme de la raison, ils opposent l'optimisme de la volonté pour garder la tête hors de l'eau. Ils anticipent un ralentissement de l'activité moins important que prévu. Les chiffres sont aussi encourageants du côté de l'emploi. Malgré les difficultés de recrutement auxquelles ils sont confrontés, leurs intentions d'embauches sont encore en hausse.

L'exécutif peut aussi compter sur les PME pour assumer pleinement leur RSE sur les plans social et environnemental. Elles vont continuer de contribuer, autant qu'elles le peuvent, à préserver le pouvoir d'achat des Français, avec des hausses de salaires et des baisses de prix au bénéfice immédiat des salariés et des consommateurs, mais aussi davantage de participation et d'intéressement.

Elles vont enfin continuer d'impulser l'indispensable transformation des modes de vie, de production et de consommation, en promouvant une production décarbonée et une consommation modérée. Ces PME assument d'autant plus la RSE qui leur incombe qu'elles savent que les Français leur font confiance et qu'ils attendent beaucoup d'elles pour être les forces motrices du progrès social, sociétal et environnemental dans leurs territoires.

FOCUS

FACILITER L'ACCÈS DES PME À UNE COMMANDE PUBLIQUE RESPONSABLE

Les achats publics sont l'un des leviers du développement économique des PME. Or les PME ne représentent que 58 % des marchés publics et 30 % de leur valeur alors qu'elles représentent 99 % des entreprises à l'échelle nationale !

Pour encourager la participation des PME à la commande publique, les pouvoirs publics essaient de mettre en place diverses politiques : simplification des procédures d'appel d'offres et de soumission des contrats publics, y compris la simplification de la commande publique numérique ; définition d'une stratégie d'achat permettant d'ouvrir à une concurrence équitable ; modernisation de l'achat public en exploitant toutes les souplesses du Code des marchés publics, etc. Ainsi les PME devraient-elles pouvoir contribuer à la prestation de services publics de qualité tout en stimulant l'emploi.

Mais les grandes villes et les régions marquent le pas dans ce rôle qui leur incombe de favoriser le développement des PME *via* la commande publique. Concrètement, la sous-promotion des circuits courts contraste avec l'arlésienne du « *small business act* ». Les PME peinent à trouver leur place face à l'hyper-centralisation des marchés publics, aux nombreuses garanties exigées, autant de contraintes qui entravent leur capacité et leur volonté. Ce qui devrait être un levier du développement économique des PME revient alors à l'allotissement puis la dévolution des lots les moins valorisants et les moins rémunérateurs…

La pondération des critères de choix pour l'attribution des marchés publics appartenant aux acheteurs publics, une nouvelle perspective d'achat public plus responsable implique donc des critères fondés et pondérés moins sur des prix au rabais et plus sur la responsabilité sociétale des entreprises, dans ses différentes dimensions environnementale, sociale, éthique et de gouvernance.

9
Tourner la page de la querelle des retraites

Les PME ont largement soutenu une réforme des retraites avec la prise en compte des carrières longues et des métiers pénibles, le relèvement de l'âge du départ en retraite, un niveau minimal des pensions, la prise en compte des carrières hachées, un minimum contributif de 85 % du Smic qui bénéficie aussi aux indépendants et aux chefs d'entreprise, et la volonté d'améliorer la place des seniors au travail.

La réforme des retraites n'était pas un choix mais une nécessité impérative, pour contribuer, même modestement, à la maîtrise de nos dépenses publiques, donc réduire notre dépendance financière aux marchés et permettre à nos enfants de ne pas vivre demain sous le joug de nos créanciers d'aujourd'hui. Maintenant que la page de cette querelle est tournée, il faut ouvrir un nouveau chapitre économique, social et sociétal. Les mouvements sociaux récurrents, certes légitimes, mais qui pénalisent l'activité des entreprises et des salariés, doivent aussi cesser.

Nouvelle loi « Travail »

Il faut répondre aux attentes exprimées par les Français, en recherchant de nouveaux équilibres autour de quelques priorités : améliorer les conditions et redonner du sens au travail, revaloriser les revenus et les carrières, promouvoir l'emploi des seniors, mieux partager la valeur dans l'entreprise, améliorer l'articulation entre démocratie sociale et démocratie politique.

La réforme des retraites a confirmé le besoin de redonner du sens au travail. Le rapport et l'engagement à celui-ci n'est plus le même depuis la pandémie. Chacun l'a interrogé, réinventé, se l'est un peu réapproprié. Dans une société d'individus plus éduqués, ceux qui le peuvent ont gravi un échelon de la pyramide de Maslow. Ils sont en quête d'accomplissement de soi. Et ils veulent mieux articuler travail et vie personnelle. Avoir un chemin de vie choisi. Albert Camus l'a écrit : « Il n'est pas de punition plus terrible que le travail inutile et sans espoir. »

L'emploi des seniors est la priorité des priorités. Quelle société éclairée, progressiste, peut accepter de se priver de ce vivier de compétences ? Les mesures favorables de l'index et du CDI seniors, retoquées par le Conseil constitutionnel au terme de l'examen de la réforme des retraites en avril 2023, doivent être remises sur le métier législatif dans le cadre d'une future loi « Travail ». L'équilibre des finances publiques, comme de la réforme, exige d'augmenter le taux d'emploi des 55-64 ans. Mais nous ne devons pas oublier les jeunes, tout particulièrement ceux de la « génération sacrifiée » de la Covid.

Ni trop précis ni trop pressé

Nulle parole présidentielle n'est performative… Et il y a parfois loin de la coupe aux lèvres. Si l'exécutif affiche régulièrement une volonté et une énergie, c'est à l'aune des suites concrètes données aux échanges avec les organisations patronales et syndicales que la réussite de la relance du quinquennat pourra *in fine* être mesurée.

Pour renouer le fil du dialogue social, le président ne doit être ni trop précis, ni trop pressé. Il doit laisser du grain à moudre et du temps afin de se mettre d'accord avec les représentants des employeurs et des travailleurs pour agir d'une certaine façon sur les questions d'intérêt commun liées à la politique économique et sociale. Il doit aussi respecter les accords conclus par les partenaires sociaux à l'occasion de leur transposition dans la loi.

Cette révision de la méthode réformatrice est d'autant plus nécessaire qu'une loi comme celle des retraites est « biodégradable », au sens où le législateur devra souvent la réviser pour tenir compte de l'évolution de ses paramètres : n'insultons pas l'avenir du dialogue social !

Démocratie sociale et démocratie politique

L'accumulation des journées de grèves et de manifestations n'a pas été sans conséquences sur l'économie de proximité dans les grandes métropoles. Cette situation d'impasse illustre les relations historiquement difficiles et conflictuelles en France entre démocratie politique et démocratie sociale, la première ayant trop souvent la tentation de dominer et de s'ingérer dans les affaires de la seconde. Pendant la réforme des retraites, elle a été exacerbée lorsque le débat public et médiatique personnalisait le conflit entre deux réformismes dans un face-à-face opposant Emmanuel Macron et Laurent Berger. Rétrospectivement, le pari du président de la République s'est avéré une probable faute stratégique du point de vue de l'intérêt général, tant l'issue a dégradé un peu plus les relations entre démocratie politique et démocratie sociale, et revalorisé la violence de rue comme moyen d'action. Attention à ce qu'il ne remette pas *in fine* en cause la politique de l'offre (efficacement) menée depuis 2017. Assez opportunément, le changement des leaders à la tête de la CGT, de la CFDT et du MEDEF donne l'occasion d'écrire une nouvelle page.

Qu'auraient pensé Maurice Duverger ou René Rémond des images d'un Conseil constitutionnel barricadé alors qu'il rendait sa décision sur la constitutionnalité de la réforme des retraites ? La démocratie sociale ne peut prévaloir sur la démocratie politique : la rue influence mais c'est le Parlement qui décide. En conséquence, nul ne doit céder au chantage au blocage d'une ultra-minorité de « gréviculteurs » bruyants. La liberté de travailler, d'aller et venir, la continuité du service public, le droit de mener une vie familiale normale, sont des libertés tout aussi fondamentales et des principes à valeur tout aussi constitutionnelle que la liberté de manifester et le droit de grève. C'est pourquoi, à nouveau, une évolution législative serait la bienvenue pour enfin instaurer une véritable obligation de service minimum dans les transports en commun. L'image et l'attractivité du pays et de la capitale sont en jeu, notamment dans la perspective des JOP de Paris 2024.

FOCUS

POUR UNE RÉPUBLIQUE DES ENTREPRENEURS

Traditionnellement, les entrepreneurs hésitent à faire le choix de l'engagement politique. Les freins sont nombreux. L'entrepreneur peut craindre que des considérations politiques et partisanes aient pour conséquence la perte de certaines parties prenantes désormais indisposées — clients, fournisseurs mais aussi collaborateurs et actionnaires — sans pour autant garantir le gain de celles qui devraient être mieux disposées… Quoique l'engagement politique soit le plus souvent « sans étiquette » dans les petites villes et les villages de France, la crainte de lâcher la proie pour l'ombre en franchissant le Rubicon politique est d'autant plus forte que la zone d'activité est une zone rurale où chacun se connaît et se reconnaît.

L'entrepreneur peut aussi être dissuadé par la culture syndicale de son organisation patronale. Certaines ont une conception stricte de leur rôle : la seule défense et promotion des intérêts catégoriels de leurs membres et mandants, sans participer aux débats politiques et sociétaux pouvant heurter la diversité de pensée et la sensibilité de leurs adhérents.

Si cette conception « 100% professionnelle – 0% citoyenne » du rôle syndical est légitime, elle tend à le réduire à un groupe de pression quelconque défendant des intérêts strictement catégoriels. Or, la qualification de « partenaires sociaux » n'induit-elle pas un rôle élargi attendu des organisations syndicales et de leurs membres : n'auraient-elles rien à dire sur l'organisation des rapports sociaux, l'orientation économique ou encore sur le modèle de société ? S'il est compréhensible pour des organisations de ne pas s'engager sur un choix politique, peuvent-elles faire l'économie d'une expression des besoins, des espoirs et des craintes des acteurs économiques, ou d'une position sur tel ou tel programme qui remettrait en cause les libertés publiques et économiques, les engagements européens ou encore les valeurs entrepreneuriales ?

Parce qu'elle est ancrée dans la Cité, l'entreprise doit assumer pleinement sa responsabilité dans la vie de la collectivité et des territoires. De même, les organisations patronales doivent trouver une position équilibrée — qui est parfois une véritable ligne de crête — entre une défense trop restrictive des seuls intérêts particuliers et un engagement trop extensif dans la vie politique et idéologique. Elles doivent être force de position et de proposition, pas seulement sur la qualité de vie au travail…

C'est pourquoi l'engagement politique des entrepreneurs devrait être encouragé, à tous les niveaux de collectivités et de décisions. Plus d'entrepreneurs dans les conseils municipaux, départementaux, régionaux, au Parlement français, au Parlement européen, c'est plus de compétence et de connaissance de l'entreprise dans la fabrique de la loi, en même temps qu'un dialogue plus fructueux entre les mondes économique et politique.

Après la « République des professeurs », vivement une « République des entrepreneurs » !

10
Réconcilier les libertés de manifester, du commerce et de l'industrie

Une bien mauvaise habitude a été prise à Paris et dans d'autres grandes villes françaises ces dernières années. Chaque émotion nationale, chaque manifestation ou grève charrie son lot de nuisances pour tous ceux qui y travaillent et qui y habitent, qu'il s'agisse des violences sur les commerces, l'espace public ou des interruptions de certains services publics. L'article 4 de la Déclaration des droits de l'homme et du citoyen rappelle pourtant l'ambition selon laquelle « la liberté consiste à pouvoir faire tout ce qui ne nuit pas à autrui : ainsi, l'exercice des droits naturels de chaque homme n'a de bornes que celles qui assurent aux autres membres de la société la jouissance de ces mêmes droits ».

Agir localement pour plus de sécurité économique

Les violences récurrentes commises en marge des événements et des manifestations revendicatives sur l'espace public impactent les PME, qu'il s'agisse des artisans, des commerçants ou des services. Les entreprises ne peuvent pas subir périodiquement des incendies, des vols, des pillages, des bris de vitrines… L'état d'urgence économique dans lequel se trouvent nombre d'acteurs, affaiblis par les conséquences économiques des récentes crises que nous avons subies, appelle une protection et une aide d'urgence, faute de quoi plusieurs secteurs de ces villes verront leur dévitalisation commerciale et économique accélérée.

Utiliser le ressentiment des entreprises pour essayer de faire pression sur la politique gouvernementale n'est pas digne. Il est par ailleurs contre-productif comme on a pu le mesurer avec l'échec de cette stratégie dans la querelle de la réforme des retraites. Les pouvoirs publics locaux doivent donc réagir pour mieux anticiper, préparer et gérer ces manifestations... D'autres libertés fondamentales sont en jeu, notamment celles de travailler et d'aller et venir ! À Paris, il incombe au préfet de police et à la maire de prendre rapidement l'initiative conjointe et vitale d'organiser des « états généraux de la démocratie et de la sécurité économique » avec l'ensemble des parties prenantes concernées, de sorte que l'activité économique et l'image de la capitale cessent d'être les victimes collatérales des violences urbaines perpétrées en marge des manifestations revendicatives.

L'objectif de ces états généraux serait de partager un état des lieux des questions de sécurité publique liées aux manifestations revendicatives, et d'identifier les voies et les moyens d'améliorer rapidement, significativement et durablement, dans le respect du droit constitutionnel de manifester pacifiquement, la situation sécuritaire économique. Pourraient notamment être traités la protection des zones commerciales, l'élaboration des parcours des manifestations et le calibrage des aides financières en faveur des acteurs économiques dont le local commercial est dégradé ou doit être fermé de façon préventive.

Agir nationalement pour plus de continuité du service public

L'actuelle pratique de la liberté de manifestation et du droit de grève génère d'autres nuisances, notamment des ruptures de la continuité du service public dans les transports en commun. La loi du 21 août 2007 sur « le dialogue social et la continuité du service public dans les transports terrestres réguliers de voyageurs » ne s'est pas donné les moyens de son ambition. Elle n'a créé ni obligation d'un service minimum, ni pouvoir de réquisition, ni pouvoir de sanction. Les organisateurs d'une grève doivent simplement l'annoncer à l'avance par égard pour les usagers… Encore cette courtoisie est-elle modeste puisque les personnels grévistes négligeant de déclarer un débrayage ne sont pas pour autant sanctionnés !

La continuité du service public est pourtant un principe à valeur tout aussi constitutionnelle que le droit de grève. Depuis sa décision de 1971, le Conseil constitutionnel confère une valeur normative égale à celle de la Constitution aux principes mentionnés par le Préambule de la Constitution de 1946, parmi lesquels le droit de grève mais aussi le droit de mener une vie familiale normale, le droit à la protection de la santé, ou encore la continuité de l'État et des services publics.

Une évolution législative est donc nécessaire pour que la lettre de la loi de 2007 soit enfin en accord avec son esprit. Cette mise en cohérence pourrait être initiée dans les meilleurs délais par les parlementaires des grandes villes dont les mandants sont concernés au premier chef, tout particulièrement les élus de la région capitale membres de la majorité présidentielle puisqu'il en va évidemment aussi de la préservation de la capacité de réforme de l'exécutif, lequel a en permanence au-dessus de sa tête l'épée de Damoclès d'une paralysie du pays par une minorité active dont la capacité de nuisance est sans proportion avec la représentativité, donc la légitimité. Ils devraient prendre l'initiative d'une mobilisation générale pour enfin réconcilier la liberté de manifestation et le droit de grève avec les autres principes à valeur constitutionnelle, à commencer par la liberté du commerce et de l'industrie ainsi que celle d'aller et venir.

FOCUS

ÉCONOMIE DE PROXIMITÉ : UN RETOUR ATTENDU À FACILITER

Le paysage commercial est en décomposition-recomposition pour s'adapter aux attentes et aux modes de consommation émergents depuis la crise sanitaire de la Covid-19 et l'essor du télétravail. L'attente de proximité fait son grand retour, dans l'espace comme dans le temps, avec un désir de faire ses courses près de chez soi et une utilisation accrue du commerce et des services en ligne.

Certes, depuis quelques années, beaucoup de paroles, suivies de quelques actes, vont dans le sens d'un renforcement de l'attractivité des centres-villes. Chacun aurait désormais conscience que les commerces de proximité jouent un rôle central comme « tisserands » de lien social. Mais, dans la durée, la volonté politique semble manquer et les actions contradictoires se multiplier. Un exemple avec les politiques de la mobilité mises en place au cœur de nombreuses grandes villes. Si les restrictions de circulation et de stationnement favorisent les secteurs d'activité liés aux loisirs et au tourisme, c'est aux dépens de l'économie de proximité et des commerces de bouche. Certains acteurs économiques et organisations professionnelles semblent parfois préférer sacrifier les intérêts des PME, des commerçants et des indépendants sur l'autel de la grande et moyenne distribution…

Les villes doivent davantage simplifier et faciliter l'installation et le soutien des entrepreneurs, en particulier des commerçants et des artisans de proximité, à l'instar de ce qu'elles font, souvent et bien, pour les associations. Comment ? D'abord en remobilisant les bailleurs sociaux, en repensant l'animation commerciale des rues et des quartiers, en corrigeant les effets de bord de la métropolisation de l'économie, en s'engageant aussi en faveur d'un tourisme plus durable, qui n'exerce plus un effet aussi dissolvant sur le tissu commercial et social de nos quartiers.

Pendant l'économie du confinement, les consommateurs ont su manifester leur solidarité avec les entreprises de proximité. Aujourd'hui, il leur incombe donc enfin d'agir en « consom'acteurs » en ligne, en cliquant responsable pour faire vivre la proximité « augmentée ».

11
Le travail dominical : une opportunité économique, sociale et sociétale

Le travail dominical reste un tabou en France, même à l'occasion — pourtant exceptionnelle — des Jeux olympiques et paralympiques de Paris. Le repos du dimanche est un totem qui appartient à l'histoire des luttes sociales et de la transformation du monde du travail. Le débat sur le travail dominical, et non sur le repos hebdomadaire, lequel demeure incontesté, a en effet toujours soulevé de nombreuses questions.

À la croisée des enjeux

Il se trouve au carrefour d'enjeux économiques, sociaux et sociétaux. Aspirations des consommateurs, respect des droits des salariés, adaptations aux nouveaux modes de vie sur les territoires dans leur diversité, conciliation entre vie personnelle et familiale ainsi que vie professionnelle, attractivité et développement économique et touristique des territoires, conséquences sur les commerces de proximité, place du dialogue social, etc.

La difficulté des arbitrages est illustrée par le maquis juridique des catégories de dérogations au repos dominical et des régimes de contreparties qui a sédimenté au fil du temps, en fonction des contraintes de l'offre et des besoins de la demande.

Agir avec prudence

Bien sûr, à long terme, les effets de l'ouverture dominicale peuvent s'avérer contrastés, avec parfois une dégradation de la productivité et une augmentation de l'inflation. Ces effets dépendent aussi des secteurs d'activité, plus négatifs dans l'alimentaire, plus positifs dans le bricolage et dans les grands magasins. Ils dépendent donc du poids respectif des commerces traditionnels et de la grande distribution. En tout état de cause, il convient d'être attentif à long terme à la vitalité des commerces traditionnels.

En France, le dimanche ne sera jamais un jour comme les autres. Ce n'est pas un simple assouplissement du travail dominical qui pourrait le banaliser, amoindrir les intérêts et les droits des salariés, et revenir finalement à faire un choix de société consumériste et/ou menaçant la famille.

Des avantages économiques et soci(ét)aux

En revanche, un assouplissement du travail dominical présente de nombreux avantages économiques et sociaux, y compris pour les PME et les commerces, ainsi que sociétaux. Sur le plan économique, l'assouplissement du travail dominical redynamiserait la croissance avec un effet d'offre, créerait des emplois et répondrait aux attentes des Français en tant que salariés, avec une augmentation des salaires et du pouvoir d'achat — notamment grâce aux contreparties salariales. Il permettrait aussi aux commerces traditionnels de mieux lutter contre le développement de l'internet et du commerce électronique. Assouplir le travail dominical permettrait également de développer le tourisme, notamment international, et de répondre à la demande de plus de « shopping touristique ». Rappelons que pour ces achats des touristes, assouplir le travail dominical a un effet 100 % positif, sans effet de report, sur le chiffre d'affaires des commerces. Enfin, un assouplissement permettrait de réduire les distorsions de concurrence entre magasins qui résultent de certains effets de bord en marge des « zones touristiques internationales » et autres « zones commerciales ». Certains salariés plébiscitent par ailleurs le travail le week-end : les chômeurs à la recherche d'un emploi, les personnes seules, les jeunes qui veulent s'installer, les étudiants à la recherche d'un job, etc. Ils revendiquent leur liberté au travail par l'instauration d'un nouveau modèle social et ils comprennent mal ce blocage imposé au nom des acquis sociaux.

Sur le plan sociétal, assouplir le travail dominical répondrait aux besoins et aux attentes des Français en matière de consommation et de loisirs le dimanche. Il permettrait de mieux tenir compte de ce qui est devenu une réalité pour un nombre significatif de Français : une évolution du modèle familial et de la structure des foyers. Il améliorerait ainsi certaines conditions du vouloir « faire société » et du mieux vivre ensemble le dimanche, cette aspiration impliquant désormais le fonctionnement dominical de nombreuses activités.

Transformer une contrainte en opportunité

Les commerces ont déjà su tirer profit de la crise de la Covid pour digitaliser leur offre de biens et de services, afin de proposer, grâce au *phygital*, une nouvelle « proximité augmentée », de plus en plus appréciée par les consommateurs. Aujourd'hui, ces commerces ont un intérêt à agir pour choisir de transformer la contrainte apparente d'un assouplissement du travail dominical en une véritable opportunité, celle de s'adapter à l'évolution des modes de production, de distribution et de consommation pour lutter plus efficacement contre la concurrence 24/7 du commerce électronique et trouver un nouveau relais de développement et de croissance. Ils pourraient ainsi mieux contribuer à revitaliser le commerce dans les centres-villes et les quartiers. Ce faisant, ils protégeraient mieux l'emploi.

J'ai donc la conviction suivante : généralisons, sur la base du volontariat, la modulation du repos hebdomadaire en garantissant à chaque partie, patrons ou salariés, un partenariat gagnant-gagnant. Allons vers plus de simplicité en permettant l'ouverture des magasins le dimanche à tous les métiers, à tous les commerces et à tous les services qui le souhaitent, sur la base du volontariat.

FOCUS

L'INDUSTRIE DE RETOUR EN VILLE

Chaque année à l'automne, la Semaine de l'industrie met en lumière les petites et moyennes industries, ainsi que leur place dans la ville. Chacun peut y constater que l'industrie de grand-papa, c'est fini. L'industrie a changé. L'industrie d'aujourd'hui reste grande pourvoyeuse d'emplois et elle est toujours automatisée. Elle a aussi récemment intégré le numérique, les machines connectées collaboratives, la fabrication additive. Et elle intègre de plus en plus les enjeux de la responsabilité sociétale des entreprises, avec une démarche de respect de critères environnementaux, de société et de gouvernance, pour jouer plus pleinement son rôle dans la vie des territoires. Cette prise de conscience « citoyenne » est réelle, dans la région capitale comme partout en France.

Les PMI produisent mieux et de meilleurs produits, avec une plus grande valeur ajoutée. Elles offrent une palette élargie d'emplois et de compétences. Elles lancent des productions de capacité moyenne, personnalisent les séries et se rapprochent des bassins de consommation. La plupart ont réduit leur impact sur l'environnement : réduction des distances de transport, traitement des déchets, gestion optimisée des stocks, utilisation de matériaux recyclables, etc. Certaines vont encore plus loin dans les bonnes pratiques, avec l'autoproduction énergétique de certaines chaînes et la valorisation des déchets. Ces bonnes pratiques doivent être encouragées.

C'est pour toutes ces raisons que la petite industrie propre peut, et donc doit, réinvestir les villes. Elle a toute sa place dans les projets urbains. *A fortiori* au moment où les pouvoirs publics cherchent à redynamiser les centres-villes et les quartiers défavorisés. Paris pourrait donner l'exemple, grâce à ses locaux disponibles et à ses programmes de réhabilitations dans les quartiers prioritaires de la ville (QPV). Ce serait aussi l'occasion de réintroduire de la mixité sociale dans certaines zones urbaines. En d'autres termes, non seulement l'industrie n'est pas le passé, mais elle est, au contraire, le futur des villes.

12
Le plus bel héritage des JOP de Paris 2024

Certes, des progrès ont été réalisés depuis la loi du 11 février 2005 pour l'égalité des droits et des chances. Mais, si « toute personne handicapée a droit à la solidarité de l'ensemble de la collectivité nationale », près des deux tiers des 900 000 établissements recevant du public (ERP) de catégorie 5, les « ERP du quotidien » (commerces, hôtels, cafés, restaurants, cabinets médicaux, pharmacies…), n'en restent pas moins inaccessibles — la plupart ayant obtenu des dérogations — pour une partie des 12 millions de Français en situation de handicap, soit 20 % de la population (dont 80 % de handicaps invisibles). À cette inaccessibilité physique s'ajoute l'inaccessibilité numérique de trop nombreux autres services, dans un contexte d'accélération du développement des nouvelles technologies.

Des aides à point nommé

Puisqu'il est urgent d'améliorer la mise en accessibilité du pays pour les personnes handicapées, les prochains Jeux olympiques et paralympiques (JOP) de Paris 2024 doivent servir d'accélérateur afin de contribuer à rattraper le retard de la France en matière d'accessibilité des personnes en situation de handicap. Et une accessibilité tous azimuts, dans l'espace public, dans les commerces, dans les services publics ou privés.

L'ouverture le 2 novembre 2023 du fonds territorial d'accessibilité arrive dès lors à point nommé. Concrètement, les ERP de petite taille peuvent solliciter des aides publiques de l'État, jusqu'à 50 % des travaux et équipements de mise en conformité dans la limite de 20 000 €. Afin d'impulser une vraie dynamique, 100 millions d'euros sont déployés dès la première année, en priorisant dans un premier temps les territoires accueillant des épreuves sportives.

L'indispensable évolution des mentalités

Aujourd'hui, nous devons vraiment — enfin ! — faire évoluer les mentalités sur le handicap et les personnes handicapées, en faisant de la prise en compte de la différence un facteur de cohésion sociale. *A fortiori* lorsque cette différence est une vulnérabilité et qu'une personne sur deux connaît ou connaîtra une situation de handicap au cours de sa vie.

Le handicap est aussi une vraie force, motrice, pour l'économie et la société. C'est en effet une source d'inspirations, d'innovations, d'opportunités et d'améliorations dans de nombreux domaines. Un exemple évident : la prise en compte du handicap pour l'accessibilité des ERP ou des transports profite à tous, ne serait-ce qu'en termes de confort, à commencer par les personnes âgées et les parents avec enfants en bas âge.

Dès la conception

C'est pourquoi il est aussi nécessaire de faire évoluer la conception des politiques publiques, avec la mise en œuvre d'une accessibilité dite « universelle », c'est-à-dire incluse à la racine, dès la conception des politiques publiques.

J'ai l'intime conviction que l'inclusion des personnes en situation de handicap, à l'instar plus largement du traitement par la majorité de toutes les minorités, des communautés par nature plus fragiles car en nombre inférieur, est indispensable pour que notre République soit véritablement libre, égalitaire et fraternelle. Répondre à la question du handicap, c'est traiter l'une des discriminations les plus massives. La fabrique de l'inclusion pour permettre aux personnes handicapées de mettre en pratique leurs droits et de participer pleinement à la vie de la société, c'est la fabrique de la cité et donc de la citoyenneté pour tous.

C'est le plus beau des combats, celui de la République pour tous. Ce serait aussi l'un des plus beaux héritages des Jeux.

Les bonnes idées pour y arriver

☑ **Moderniser** les zones d'activités économiques dans les périphéries urbaines et les territoires ruraux des métropoles régionales en s'appuyant sur l'intercommunalité.

☑ **Mettre** en vente des logements sociaux pour pallier la pénurie de logements et soutenir le parcours résidentiel des candidats, entrepreneurs et salariés des métiers en tension, aux revenus modestes.

☑ **Encourager** le *free-floating* professionnel dans les grandes villes et à proximité des gares.

☑ **Encourager** le mécénat culturel et le mécénat territorial des PME en simplifiant les démarches administratives et en renforçant les incitations fiscales.

☑ **Encourager** les commerces éphémères avec des activités commerciales ou artisanales différentes des activités existantes dans les locaux en vacance durable.

Partie 4

MIEUX DÉCIDER

13
Le pari du courage et de l'impopularité

Si celui qui a du courage est celui qui connaît la peur mais la dompte, comme l'a écrit Friedrich Nietzsche, en politique celui qui a du courage est alors celui qui connaît la peur de l'impopularité, sait la surmonter et l'affronte avec pugnacité, dans les paroles et dans les actes, pour modifier le *statu quo* — dans le sens d'une restauration, d'une simple transformation ou d'une véritable révolution — dès lors que l'intérêt général est en jeu. Et notre histoire politique contemporaine ne manque pas de bons exemples, avec Pierre Mendès France, Charles de Gaulle ou encore Simone Veil.

Un précédent et des occasions

Ces dernières années, l'exécutif a parfois su faire preuve de courage politique. Depuis 2017, il a jusqu'à présent maintenu une politique de l'offre, repoussant les assauts de taxation des superprofits et superdividendes qui n'auraient fait que dégrader l'attractivité récemment retrouvée de la France. Faire le choix de l'efficacité plutôt que des symboles coûteux, avec le financement des dépenses publiques par l'augmentation du volume de travail plutôt que par une hausse des impôts ou de la dette, est un choix relativement courageux. La bravoure n'est toutefois pas l'épithète de toutes les récentes politiques publiques… Certains confondent l'antipathie, voire la haine, qu'ils ont pour Emmanuel Macron avec la réalité de la politique économique de la France. C'est dommage mais il en a été de même avec des présidents qui ont eu, il n'y a pas si longtemps, à gérer des crises, tels François Mitterrand ou Nicolas Sarkozy.

L'exécutif ne manque pas de nouvelles occasions de montrer qu'il est capable de faire preuve de courage politique, notamment sur l'indispensable réduction de la dépense publique et le choix opportun de l'immigration de travail. La réduction de la dépense publique est la condition *sine qua non* de la poursuite d'une politique de l'offre car l'excès de dépense publique entretient un pays « taxivore » champion des prélèvements obligatoires et reste la source de la plupart des maux hexagonaux — pour l'État, pour les particuliers et pour les entreprises. Comme nous l'avons vu, faciliter le travail d'une main-d'œuvre immigrée choisie permettrait de régler à la fois un problème social en déconstruisant les communautarismes grâce à l'intégration par le travail, et un problème économique de pénurie de main-d'œuvre et de manque d'attractivité de la France pour les travailleurs qualifiés.

Le courage pour tous

Pierre Mendès France avait cette belle formule : « Gouverner, c'est choisir ! » Et pour faire progresser notre société, la réformer, lui permettre de s'adapter aux enjeux de demain il faut accepter de prendre des risques y compris celui de l'impopularité. Les différents sujets qui touchent la nouvelle relation au travail et la nouvelle économie vont nécessiter du courage politique de la part de la majorité comme de ses oppositions. Si la majorité doit avoir le courage politique de décider et trancher, sans refus d'obstacle, les oppositions qui se veulent « de gouvernement » doivent avoir le courage de soutenir ce qu'elles feraient aux responsabilités et de ne pas proposer ce qu'elles n'y feraient pas, tout en ayant le courage (et la cohérence) d'assumer leurs convictions dans le temps et dans l'espace. Le report de l'âge légal de départ à la retraite figurait par exemple dans le programme Les Républicains pour les élections législatives… S'ils sont cohérents devant leurs électeurs et avec eux-mêmes, ils ne sauraient devenir le parti de la contre-réforme !

Le courage en politique, c'est un caractère ou une personnalité au milieu des circonstances. Il n'est ni de droite ni de gauche, ni féminin ni masculin, ni jeune ni vieux. Dans un environnement de plus en plus contraignant, avec les principes de précaution et de transparence, c'est surtout préférer le temps long au temps court.

Le courage des chefs d'entreprise

Si la France a finalement échappé à la récession en 2023, son économie pliant sans rompre, c'est largement grâce aux chefs d'entreprise. Les perspectives demeurent en effet solides dans le domaine de l'emploi. Les créations se poursuivent à un rythme modéré mais qui suffit à stabiliser le chômage autour de 7 %.

Alors que notre société, fatiguée, commence à s'interroger à propos du toboggan du déclassement sur lequel la France semble désormais engagée dans beaucoup de politiques publiques pourtant stratégiques (éducation, énergie, industrie, santé, etc.), le temps est plus que jamais venu de faire preuve de courage politique. En faisant le pari qu'une impopularité provisoire soit rapidement l'antichambre d'une popularité durable, avant la sanction électorale. Et dans les moments de crises, la reconnaissance de l'histoire est souvent au diapason de celle des urnes !

FOCUS

ENCOURAGER L'ÉDUCATION FINANCIÈRE DES ENTREPRENEURS

En France, conformément à la liberté du commerce et de l'industrie, il n'est exigé ni formation ni diplôme pour entreprendre. Seules certaines activités commerciales techniques ou réglementaires le requièrent. Cette liberté d'accès a toutefois une évidente « contrepartie » :

l'espérance de vie limitée des entreprises créées, beaucoup ne franchissant pas les trois premières années.

Entreprendre aujourd'hui, c'est en effet démarrer une activité dans un monde économique complexe, avec un secteur financier exigeant, des clients avertis et une foultitude de démarches administratives et de contraintes normatives à assumer.

Une belle idée ou un beau produit est une condition nécessaire, mais pas suffisante. Les dirigeants de PME doivent bien sûr savoir remplir leurs obligations fiscales, se mettre en conformité avec de nombreuses réglementations, gérer les flux de trésorerie, rechercher de nouvelles solutions de financement. Ils doivent aussi savoir gérer les crises et identifier des relais de croissance pour leur activité. Pour l'entrepreneuriat comme ailleurs, afin de pouvoir efficacement, encore faut-il donc savoir suffisamment…

C'est pourquoi il est important, au-delà de la sensibilisation et de l'information, de permettre et d'encourager l'éducation financière des chefs de PME avec des dispositifs de développement et de validation des compétences. La Banque de France s'est déjà engagée sur cette voie. Des Académies de l'éducation financière des dirigeants pourraient être créées, avec une offre éducative en présentiel et en distanciel, à l'initiative des organisations patronales, des Chambres de commerce et d'industrie, des Chambres de métiers et de l'artisanat, des Chambres de l'économie sociale et solidaire. Dans les zones les moins densément peuplées, les municipalités pourraient prendre l'initiative d'encourager elles-mêmes l'inclusion financière. Plus en amont, un travail d'information et de formation des publics de l'enseignement supérieur permettrait de préparer et d'armer les entrepreneurs des PME de demain, pour mettre toutes les chances de réussite du côté de leur insertion professionnelle.

14
À gauche, faire son aggiornamento vis-à-vis des entreprises

En dépit d'une distance ancienne et durable, de la pensée de Karl Marx et Friedrich Engels, la gauche et l'entreprise ne sont pas irréconciliables. La RSE est l'axe qui devrait contribuer à retisser ce lien de confiance distendu. À condition que les parlementaires les plus responsables de la nouvelle union de la gauche rompent enfin avec l'imposture démagogique cultivée depuis le début de l'actuelle législature. Le monde économique a changé, les problématiques sont nouvelles et les enjeux différents. Comment les luttes peuvent-elles rester les mêmes ?

Une distance qui a la vie dure

Imprégnée de la pensée marxiste du capitalisme et de la lutte des classes pour la propriété des moyens de production, la gauche a longtemps entretenu une relation distante, voire franchement mauvaise, avec l'entreprise. À l'instar d'autres institutions du reste, par exemple l'armée… De Max Théret à Claude Perdriel, d'Antoine Riboud à Mathieu Pigasse en passant par Jean-Charles Naouri, Louis Schweitzer ou encore Pierre-Alain Weill, même les patrons « sociaux », les patrons engagés pourtant soucieux de développer un projet de progrès économique et social, ont entretenu avec elle une relation pudique, pour ainsi dire comme… « hors mariage » !

Le « J'aime l'entreprise » du Premier ministre socialiste Manuel Valls en août 2014 avait un temps laissé espérer le franchissement d'une étape par la gauche sociale-démocrate et réformiste. Mais l'avènement de la Nouvelle Union populaire écologique et sociale (NUPES) en juin 2022 et du « wokisme économique » a semblé refermer ce qui n'aurait alors été, rétrospectivement, qu'une parenthèse.

Retour vers le futur

Sous l'influence de La France insoumise, du Parti communiste français et d'une majorité du Pôle écologiste, le surmoi révolutionnaire de l'extrême gauche tend à éclipser le moi réformiste jusqu'au sein du Parti socialiste, lequel tourne ainsi le dos à une partie de son histoire… « L'extrême-gauchisation » de la nouvelle union de la gauche se traduit par la promotion de la grève, comme probable amorce de la révolution escomptée, et une attitude critique vis-à-vis de l'entreprise, perçue par défaut comme le faux-nez d'un capitalisme qui serait systématiquement synonyme de régression sociale et environnementale. Évidemment, dès l'instant où sont volontairement confondus capital productif et capital spéculatif…

Vis-à-vis du monde économique, cette nouvelle gauche qui a perdu sa culture de gouvernement donne dans le sensationnel, l'anathème, l'expertise toujours partisane et parfois douteuse. Pour elle, l'entreprise serait à nouveau une organisation institutionnalisant l'asservissement social et les inégalités salariales. Aux dernières élections, les professions de foi proposaient ainsi pêle-mêle l'augmentation autoritaire des salaires, le refus catégorique de la défiscalisation des heures supplémentaires ou encore la taxation tous azimuts des dividendes !

L'entreprise vecteur de progrès

Pourtant, l'entreprise citoyenne est de plus en plus la solution pour remettre efficacement au cœur de la société des valeurs de responsabilité, de partage, de solidarité. Elle est un levier indispensable pour renouer du lien social dans les territoires. Les mentalités évoluent vite. Les entrepreneurs sociaux vont encore plus loin pour domestiquer et humaniser le capitalisme, en priorisant la finalité sociale ou environnementale de leur activité économique, à l'écart (et donc à l'abri) de l'actionnariat de marché, et en réinvestissant dans cette mission la majorité de leurs bénéfices. Ils partagent la gestion et le capital de l'entreprise avec leurs collaborateurs, ils favorisent leur rémunération et s'alignent sur celle-ci, privilégient les financements responsables et éthiques, etc.

Ainsi l'entreprise est-elle souvent positionnée à l'avant-garde des enjeux de justice sociale et environnementale : féminisation des équipes dirigeantes, inclusion des personnes en situation de handicap, formation des jeunes *via* l'alternance, investissement dans des data centers moins énergivores, développement d'usages d'éco-conception, consommation plus frugale des données afin de réduire l'impact carbone…

Être ou ne pas être un parti de gouvernement

Les formations de la nouvelle union de la gauche auront dans les prochains mois l'occasion de montrer qu'elles peuvent se comporter en parti de gouvernement, c'est-à-dire en parti qui agit dans l'opposition comme il agirait aux responsabilités : en soutenant ce qu'il ferait et en ne proposant pas ce qu'il ne ferait pas.

La sortie du « yakafokonisme » est un enjeu particulièrement prégnant pour une partie des députés socialistes et écologistes de la nouvelle législature. Soutiendront-ils les réformes gouvernementales opportunément pro-emploi et pro-entreprise ? Combattront-ils les propositions démagogiques qui minent le dialogue social, sapent la confiance et l'activité économique ? Et qui, ce faisant, fragilisent la création de richesses, le rendement des impôts, l'équilibre des finances publiques et *in fine* la redistribution des revenus et l'attrait de la France pour les investisseurs étrangers ? Ou bien préféreront-ils ajouter au silence des urnes le bruit stérile de l'hémicycle et de la rue ?

Qu'ils soient « patrons de gauche » ou « patrons de droite », tous les entrepreneurs de France espèrent.

FOCUS

ACCÉLÉRER LA CONVERGENCE LOCALE DES ÉCONOMIES MARCHANDE, SOCIALE ET SOLIDAIRE

Du point de vue des PME, la distinction entre une économie marchande et capitaliste « vicieuse », avec des organisations verticales et hiérarchisées à la recherche de la maximisation des profits et de l'optimisation des intérêts particuliers des actionnaires privés, et, de l'autre, une économie sociale et solidaire (ESS) « vertueuse », avec des organisations plus horizontales et plus démocratiques en quête d'utilité pour le plus grand nombre et de lucrativité à bon escient, apparaît en partie artificielle, voire caricaturale.

Certes, cette distinction a encore du sens lorsque sont considérés l'origine du capital et le risque financier encouru par les actionnaires. Mais elle en perd dès lors qu'est considérée l'ambition largement partagée d'une économie plus humaine, verte, responsable et circulaire dans les territoires. Bien sûr, cette ambition figure aujourd'hui dans les paroles plus que dans les actes. Toutefois, les premières précèdent souvent — voire nécessairement — les seconds.

Les PME et les nombreuses structures de l'ESS sont largement confrontées aux mêmes problématiques dans leur développement : préoccupations environnementales, sous-valorisation des bonnes pratiques, pénurie de compétences, problèmes de trésorerie, simplifications administratives, accès aux aides et dispositifs régionaux et européens, cyber-prévention, etc. Dans les territoires, nombre de PME « patrimoniales » valorisent d'ores et déjà une économie de proximité, à taille humaine, en se souciant d'améliorer le partage de la valeur et leur apport sociétal. Certaines grandes PME sont engagées dans des démarches RSE-ESG et la transition écologique de leurs processus.

C'est pourquoi il convient, dans les territoires, de mobiliser ensemble les PME et les organisations de l'ESS, afin qu'elles puissent partager leurs besoins dans le domaine de la formation et mettre en place des groupements d'acteurs économiques responsables afin de répondre conjointement aux marchés publics régionaux et nationaux.

15
À droite, réaffirmer ses valeurs sociales et entrepreneuriales

Depuis plusieurs années, la droite se cherche. La droite républicaine et de gouvernement a parfois délaissé ses valeurs de liberté, de responsabilité et de solidarité pour se laisser entraîner sur des positions ultra-libérales sur le plan économique et très sécuritaires sur le plan régalien. Ce glissement axiologique et politique « dextrogyre » ne lui a guère réussi aux élections de 2022. Et nous pouvons nous demander si la faible présence de ses grandes figures sociales dans la direction du parti Les Républicains ne va pas « enfoncer le clou »...

Ne pas être au deuxième tour d'une élection présidentielle, pour la droite progressiste, humaniste et libérale, est un échec cinglant et le signe qu'elle doit retrouver le lien avec son électorat, y compris parmi les entrepreneurs. Et renouveler ses élites.

Un contexte porteur

Les Français encaissent depuis plus de trois ans les conséquences des chocs et des crises de tous ordres qui s'enchaînent et déstabilisent notre société. Leur pouvoir d'achat a été tout particulièrement attaqué par l'inflation, même si cette dernière n'a jamais atteint en France les niveaux de ses voisins européens. Ces Français, à commencer par les plus fragiles d'entre eux, ont eu besoin de protection *via* un interventionnisme économique et social renforcé de l'État. Les petits entrepreneurs, les indépendants vivent ces moments avec l'angoisse du lendemain pour eux et pour leurs familles.

À ce « moment social » correspond aussi un « moment entrepreneurial ». Les relativement bons chiffres de l'emploi et de la croissance, nonobstant les crises, confirment la pertinence de la politique de l'offre déployée depuis 2017 et maintenue depuis. Beaucoup prennent ainsi conscience de l'efficacité d'une politique qui favorise la création des richesses avant leur redistribution. Dans ce contexte, il appartient à la droite de réaffirmer opportunément ses valeurs sociales et entrepreneuriales.

Légitime sur les enjeux sociaux

La droite est historiquement légitime sur les enjeux sociaux, depuis le général de Gaulle jusqu'à Jacques Chirac. C'est elle qui, dès 1967, proposait de faire participer les salariés aux fruits de l'expansion d'une entreprise. Une mesure d'actualité et vertueuse car dans l'intérêt durable de tous : le salarié mais aussi l'entreprise, l'économie et la société. Enfin, ce partage améliore aussi le dialogue social en rappelant que le progrès est une œuvre avant tout collective.

Parmi les valeurs cardinales de cette droite attachée au progrès social figure la confiance dans une économie sociale de marché. En d'autres termes, la recherche d'un équilibre entre, d'une part, une économie de marché mue par la libre initiative des acteurs socio-économiques et, d'autre part, un système de solidarité nationale très développé avec une forte intervention de l'État dans la vie économique et sociale. S'y ajoutent le travail, le mérite, la dignité des personnes et le partage des richesses.

Ces valeurs républicaines sont au fondement du pacte social français. Elles garantissent la cohésion sociale et l'unité nationale. Cette droite sociale n'est pas dupe pour autant. Elle est pleinement consciente des imperfections du modèle social français. Un modèle qui dysfonctionne trop souvent dans les domaines de l'emploi, du chômage et de la redistribution. En partie par conservatisme, tant il reste arc-bouté sur les distinctions de statuts.

L'entreprise a fait ses preuves

Les crises subies ces dernières années n'ont pas seulement permis de (re)découvrir les bienfaits de l'intervention économique et sociale de l'État. Beaucoup de Français (re)découvrent aussi les bienfaits d'une politique de l'offre qui réunit et optimise les conditions de la création des richesses par l'entreprise, avant — et dans la perspective — de les redistribuer. La compétitivité des entreprises et la bonne tenue de l'emploi sont apparues comme des protections efficaces, tout à la fois, du pouvoir d'achat des Français, de la sauvegarde du système social et du modèle de solidarité et de santé. Sans oublier le rééquilibrage du rapport de force au sein de l'entreprise en faveur des salariés, leur redonnant *ipso facto* du pouvoir de négociation.

La poursuite de cette politique par l'exécutif, avec la volonté renouvelée de baisser les impôts qui pèsent sur la production des entreprises et celle d'atteindre le plein emploi, mérite d'être saluée. C'est aussi ce gouvernement qui a facilité la mise en place de l'intéressement dans les PME de moins de 50 salariés, les moins dotées de dispositifs de partage de la valeur et dans lesquelles le dialogue social est peu développé.

L'entreprise étant le meilleur financeur du modèle social et la confiance dans le marché son meilleur garant, la droite progressiste a tout intérêt à réaffirmer ses valeurs entrepreneuriales, son attachement à la liberté de travailler et d'entreprendre, sa promotion du rôle des entreprises citoyennes dans les territoires, son soutien à tous ceux qui innovent et prennent des risques, y compris pour l'innovation sociale. On peut juste regretter que certaines organisations patronales ne jouent pas le jeu de cette ouverture au monde d'aujourd'hui et qu'elles se cantonnent dans la défense d'intérêts immédiats alors qu'elles devraient penser demain, être source de propositions d'innovations sociales et économiques pour l'exécutif, et accompagner les entreprises vers les nécessaires mutations qui se présentent à elles.

Pour quoi faire ?

Ces valeurs de progrès et humanistes ne doivent pas disparaître du débat public. Il est donc temps que la droite mue par des valeurs sociales et entrepreneuriales soit à nouveau force de propositions pour contribuer à relever les défis prioritaires de la période et préparer la suite.

Les enjeux ne manquent pas, en effet, pour bâtir une France plus libre, plus forte, plus solidaire, qui redonne aux Français — et notamment à la jeunesse — confiance dans l'avenir en général et dans la politique en particulier : concentration de l'effort national sur l'éducation ; accès à un logement abordable et amélioration de la mixité sociale ; allégement des charges des entreprises ; meilleur accès aux services publics du quotidien (santé, numérique, transports, culture…) ; nouvelles solidarités nationales, y compris entre les générations, en redonnant des perspectives d'avenir aux jeunes et en apportant des réponses au défi de la perte d'autonomie et de la dépendance, etc. Et ce dans un contexte contraint par la pression de l'inflation et le défi climatique qui fragilisent potentiellement les fondements de la cohésion sociale.

Cette droite « entrepreneuse sociale » devra enfin procéder avec méthode. D'abord les idées et les messages, ensuite l'incarnation et les visages. En franchissant les étapes sans les brûler. En ouvrant grand les portes et les fenêtres aux Français et aux Françaises de tous les âges, de toutes les catégories socio-professionnelles, de tous les territoires, de sorte d'impulser un mouvement ouvert, aussi représentatif et proche que possible des besoins, des attentes et des espoirs des Français. Le tout en luttant pied-à-pied contre la démagogie et le populisme des entrepreneurs de chaos politique et institutionnel.

FOCUS

VALEUR TRAVAIL ET VALEUR DU TRAVAIL

Depuis l'humanisme des Lumières, le travail a toujours occupé un rôle fédérateur et structurant pour l'homme dans la société. Plus que toute autre organisation économique, les PME accordent une grande valeur au travail, au service d'une cohérence sociétale, avec une conception organisée du vouloir vivre ensemble, une articulation fonctionnelle des rôles sociaux, la constitution de représentations idéologiques, des statuts individuels et collectifs, par et pour lesquels les individus reçoivent considération et reconnaissance. Ce faisant, valoriser le travail permet de faire société au double sens économique (entreprise) et citoyen (collectivité).

Mais, aujourd'hui, cette valeur travail est régulièrement remise en cause. Certains à gauche la qualifient de « valeur de droite », voire de « prison ». D'autres comme Jeremy Rifkin annoncent la « fin du travail » ou dénoncent comme David Grabber les « *bullshit jobs* ». Il existe *a minima* un lien de simultanéité entre la dévalorisation de la « valeur travail » et celle de la « valeur du travail ».

C'est un enjeu central pour la France. Bien sûr, il est souhaitable d'augmenter les salaires et de mieux partager la valeur. Mais ce n'est pas toujours possible. Au-delà du fait que les situations économiques varient grandement d'une entreprise à l'autre, en matière d'endettement, de marge commerciale et de capacité à partager la valeur, il est difficile d'engager une hausse uniforme des salaires sans augmenter les coûts de production et le prix de vente. Entrepreneurs engagés, nous sommes conscients que le salaire chargé est trop lourd pour l'employeur et que le salaire net est trop léger pour le salarié. C'est pourquoi tous les dispositifs, même temporaires, qui visent à améliorer le pouvoir d'achat vont dans le bon sens.

Pour rehausser durablement la valeur du travail, la valeur travail doit probablement redevenir une valeur plus consensuelle au sein de la société, à droite, à gauche et ailleurs. À cette fin, il est nécessaire de réfléchir, de se positionner et d'agir sur le nouveau sens du travail et le nouvel engagement au travail dans une société, tout à la fois de plus en plus complexe et éduquée, où l'individu citoyen ne se contente plus de satisfaire ses besoins élémentaires au travail mais veut satisfaire, à raison, son besoin de s'accomplir pleinement.

16
Réapprendre la démocratie, renouer le dialogue

Gouvernement d'un collectif par lui-même, la démocratie est malmenée dans l'hémicycle, dans la rue, dans l'entreprise. Partout, elle doit être apprise à nouveau. Pas seulement pour le principe, mais aussi par pragmatisme. On connaît de moins en moins les valeurs de la République, les principes de la démocratie française et les vertus du dialogue.

L'abus du rapport de forces

À l'Assemblée nationale, dans la rue, dans l'entreprise, le rapport de forces a été omniprésent ces derniers mois. Il a été particulièrement exacerbé. Or, l'abus du rapport de forces nuit gravement au dialogue et à la démocratie...

Dans l'hémicycle, les manœuvres de guérilla et de contre-guérilla parlementaire — obstructions, passages en force, coups de force, etc. — se sont succédé tout au long de l'examen du projet de loi de réforme des retraites au premier semestre 2023. Dans la rue, les violences urbaines ont éclipsé les revendications des manifestations en marge desquelles elles se déroulaient, ralenti l'activité économique, désorganisé le travail et dégradé l'image du pays, tout particulièrement dans sa capitale. L'entreprise n'est pas épargnée, les blocages sauvages, les actions isolées de syndicalistes contre des sites industriels montrent l'urgence de revenir à un dialogue social apaisé.

Saisir les occasions parlementaires

La réforme des retraites promulguée, dans les conditions difficiles que l'on sait, plusieurs textes inscrits à l'ordre du jour du Parlement — sur le partage de la valeur, sur le plein emploi, sur le travail — ont offert et vont offrir des occasions pour mieux débattre et mieux dialoguer. Ces textes sont d'abord une occasion pour améliorer le débat parlementaire. Les Français sont constants sur la voie à suivre : d'après un sondage Elabe d'avril 2023, 65 % des personnes interrogées considèrent toujours que « c'est une bonne chose pour la démocratie et le débat » que les partis soutenant le président de la République n'aient pas la majorité absolue à l'Assemblée nationale, car « cela va obliger Emmanuel Macron à faire des compromis et négocier avec les autres forces politiques ».

Ces textes sont aussi une occasion pour améliorer l'articulation entre démocratie sociale et démocratie politique. Pour renouer les fils du dialogue social, l'exécutif doit laisser du grain à moudre et du temps aux partenaires sociaux, n'être ni trop précis, ni trop pressé. Redonner leur juste place à tous les corps intermédiaires est une attente des Français, un enjeu de démocratie dans les territoires et de dialogue social dans les entreprises. Le 10 février 2023, les partenaires sociaux ont conclu un ANI historique visant à développer la participation et l'actionnariat salarié, notamment dans les PME : sa transposition dans la loi devait en préserver l'esprit et la lettre.

Ces textes sont enfin une occasion pour améliorer le travail dans l'entreprise. Les besoins et les attentes des salariés ont évolué depuis la pandémie. Au-delà du salaire, ils sont préoccupés par la qualité de vie au travail, avec l'équilibre de vie, le télétravail, un management moins vertical, la formation continue ou encore la semaine de 4 jours. L'entreprise doit progresser dans la démarche RSE. Si la qualité de vie au travail a un coût, elle n'a pas de prix pour faire adhérer au collectif et être source de confiance, d'efficacité et de productivité. Dans cette perspective, les PME sont les mieux placées pour innover dans leur organisation du fait de leur souplesse propre et des compétences multiples de leurs salariés.

Passer à une culture du compromis

Avoir dans les territoires des organisations syndicales et patronales fortes et représentatives est un enjeu éminemment démocratique. Pour cela, encore faut-il que certaines pratiques soient changées… Il faut plus de démocratie et de dialogue au quotidien car c'est moins d'abus du rapport de forces ; plus de RSE car c'est moins de « wokisme économique ». En veillant toutefois à ne pas banaliser cette démocratie quotidienne, ce qui annoncerait une dangereuse lassitude…

La nouvelle donne politique et parlementaire ne saurait ruiner les années à venir de la législature et du quinquennat dans des affrontements politiques stériles. Plus que jamais, ces années doivent être utiles. Il faut donc tenir compte de cette nouvelle donne *via* une démarche « intégrant » le légitime conflit politique. Ce qui implique d'évoluer, d'une culture politique de l'affrontement à une culture du compromis. Parce que la confiance ne se décrète pas, elle pourrait être construite projet par projet, texte par texte, par toutes les forces politiques du Parlement qui partagent la volonté de réformer la France et de travailler pour l'intérêt général des Français. Faire œuvre utile, entre partenaires de confiance, pour des années utiles. Loin d'être une contrainte, cette nouvelle donne serait alors l'opportunité d'une ouverture renforcée du Parlement en direction de l'ensemble des parties prenantes de l'action politique nationale — les Français, les forces vives, les collectivités territoriales, etc.

FOCUS

AMÉLIORER LA DÉCISION PUBLIQUE EN CONSULTANT ET EN CONCERTANT LES PME

En dépit de la complexité croissante de la société, l'abondante production normative française n'est pas toujours strictement nécessaire et adaptée à la vie des entreprises. Si, par définition, la norme est abstraite, générale et impersonnelle, les dirigeants de PME ont le sentiment de subir une production uniforme, massive, enchevêtrée, verticale et déterritorialisée ou « hors-sol ». Ils savent que les promesses de dédoublonnage et de suppression des normes n'engagent que ceux qui les écoutent. D'autant que certains acteurs économiques et juridiques ont un intérêt bien compris à la multiplication des nids à contentieux...

L'inadaptation de ces normes est-elle la cause ou la conséquence du désintérêt manifeste et du fossé béant entre une majorité des chefs d'entreprise et l'action publique ? Le cercle causal est probablement vicieux. Dans les territoires, la participation aux élections professionnelles est faible. Il est difficile de trouver des mandataires. Les organisations patronales n'ont qu'un nombre limité d'adhérents directs.

Ce problème de représentativité existe aussi du côté des élus. L'inexpérience entrepreneuriale de nombre d'entre eux ne facilite pas le dialogue. L'absence de pouvoirs réels de certains les empêchent d'intervenir efficacement dans la vie de la cité, notamment dans les domaines du commerce, du logement, des mobilités, de la sécurité, autant de sujets qui concernent directement la vie quotidienne des entreprises de proximité que sont les PME.

Améliorer le processus de prise de la décision publique nécessiterait de généraliser dans les collectivités la mise en place d'un « conseil économique et social » composé de représentants patronaux, syndicaux et associatifs, afin de fluidifier et de renforcer la communication et la concertation entre les protagonistes de l'économie locale et les institutions du même niveau. Ces assemblées pourraient être dotées d'une compétence facultative de médiation et d'arbitrage dès lors qu'une décision est susceptible d'impacter significativement la vie économique locale. Enfin, il conviendrait d'instaurer un « test PME » pour chaque norme, afin d'étudier son impact et d'anticiper ses éventuels effets pervers sur l'écosystème des PME.

Les bonnes idées pour y arriver

☑ **Promouvoir** une vision plus positive des entreprises et des métiers d'avenir au sein des lycées et des collèges grâce à un partenariat avec l'Éducation nationale et les Régions.

☑ **Généraliser** l'ouverture des commerces le dimanche dans toutes les villes et les zones volontaires afin de faire face à la concurrence du commerce en ligne.

☑ **Mobiliser** l'épargne des Français en faveur des PME de proximité et des QPV en accordant une réduction d'impôts jusqu'à 5 000 € pour les particuliers et dans la limite de 50 000 € pour les entreprises bénéficiaires.

☑ **Renforcer** l'îlotage et les patrouilles de police dans les rues commerçantes afin d'y garantir la sécurité diurne et nocturne.

☑ **Faire** du temps de trajet pendulaire entre le domicile et le lieu de travail l'un des critères formels d'attribution des logements des bailleurs sociaux publics ou privés.

Partie 5

MIEUX INTÉGRER

17
Main-d'œuvre et immigration

Alors que les enjeux de sécurité et de souveraineté monopolisent souvent le débat sur l'immigration, les PME font face à une pénurie de main-d'œuvre sans précédent. Elles ont donc un rôle à jouer pour recentrer les termes de ce débat sur l'autre véritable enjeu : l'intégration des migrants dans notre société et dans notre économie par le travail.

Pénurie de main d'œuvre et difficultés d'intégration

Malgré la réforme de l'assurance chômage, les PME peinent toujours à embaucher. Leurs difficultés de recrutement les contraignent même parfois à renoncer à créer des emplois, donc de l'activité supplémentaire. Les sondages se succèdent pour indiquer que les Français ne sont pas opposés à l'immigration mais qu'ils souhaitent une meilleure intégration des migrants. Les initiatives et les appels en ce sens se multiplient périodiquement, tantôt pour lancer un appel à l'intégration des réfugiés dans les entreprises, tantôt pour presser le gouvernement d'adopter des mesures pour attirer la main-d'œuvre étrangère très qualifiée, sans quoi il pourrait compromettre les chances de croissance de l'économie française.

Pendant ce temps, l'extrême droite promet la fin de l'immigration, sans s'embarrasser de préciser les moyens. Une promesse qui va à l'encontre des ambitions de développement économique, voire de relocalisation des activités dans les territoires. Empêcher l'immigration et le travail des migrants, c'est aussi pousser les entreprises françaises vers l'émigration de leurs activités, là où la main-d'œuvre est moins chère et abondante. Je ne suis donc pas de ceux qui pensent que l'immigration est un frein à l'emploi des Français dans notre pays. Cette querelle est un non-sens économique !

Deux solutions croisées

La France fait donc face à un défi économique et social avec, d'une part, un marché du travail sur-régulé qui bunkerise l'arrivée des migrants qualifiés et freine l'intégration des migrants non-qualifiés, lesquels peuvent être tentés de s'enfermer dans leurs communautés à défaut de pouvoir travailler ; et, d'autre part, une pénurie de main-d'œuvre qui affecte tous les secteurs de l'économie, tous les emplois, et freine la croissance et la compétitivité des entreprises françaises. Faciliter le travail des migrants permettrait donc de régler à la fois le problème « social » en déconstruisant les communautarismes grâce à l'intégration par le travail, et le problème économique de pénurie de main-d'œuvre et de manque d'attractivité de la France pour les travailleurs qualifiés. Car pour attirer les travailleurs étrangers qualifiés, la France et son marché du travail vont devoir redorer leur blason en termes d'attractivité et d'inclusion. Il en est de même pour l'inclusion économique des mineurs non accompagnés.

Une politique qui a, d'ores et déjà, porté ses fruits en Allemagne — pays d'Europe qui attire le plus de travailleurs qualifiés de l'Union européenne et du reste du monde — et qui a su séduire les migrants qualifiés par sa politique d'intégration des réfugiés. L'Allemagne qui a renouvelé ce pari gagnant en fixant un objectif d'entrées par an sur son sol, avec un programme d'intégration qui repose sur l'entreprise.

La PME, vecteur d'intégration

Pour rendre son marché du travail aussi attractif que son modèle social, la France doit faire confiance aux entreprises afin de favoriser l'intégration et ainsi garantir un modèle alliant performance, solidarité et intégration. Pour cela, un dialogue renouvelé entre les entreprises, leurs représentants et les pouvoirs publics, est nécessaire afin d'élaborer des politiques publiques en matière d'immigration et d'intégration au plus près des besoins des entreprises, notamment des PME qui sont les plus impactées par la pénurie de main-d'œuvre.

La crise sanitaire l'a rappelé, les PME sont plus sensibles à la conjoncture économique et aux aléas qui affectent leur environnement. Mais elles sont aussi plus réactives aux politiques publiques, comme l'a illustré le plan de relance, et elles contribuent concrètement à la compétitivité de notre économie et au développement des territoires. Elles sont un acteur puissant de l'économie française représentant 99,8 % des entreprises et embauchant près de la moitié des salariés du secteur privé. Moteurs de l'économie et des territoires, les PME sont aussi des vecteurs d'inclusion et des tisserands de lien social, intégrant plus facilement que les grands groupes les personnes éloignées de l'emploi grâce à leur fort ancrage local.

Un ambitieux programme d'intégration s'appuyant sur les PME de proximité dans les régions permettrait ainsi de faire coup double, en alliant d'un côté des entreprises, leviers d'inclusion, qui font face à une pénurie de main-d'œuvre, et de l'autre l'immigration, vivier de main-d'œuvre, qui rencontre des difficultés d'intégration, notamment dans les quartiers prioritaires de la politique de la ville. Une façon supplémentaire de concilier enjeu économique, entreprise plus citoyenne et vivre ensemble dans les territoires.

FOCUS

L'IA, UNE OPPORTUNITÉ BIEN RÉELLE POUR LES PME

Selon le Baromètre France Num 2023, seulement 5 % des TPE et PME utilisent l'intelligence artificielle aujourd'hui. Alors que l'IA devrait profondément transformer l'économie et doper sa croissance, avec des opportunités inédites pour améliorer la productivité, la performance, la qualité de vie au travail et la relation client des entreprises, les PME françaises tardent à investir dans cette nouvelle technologie et à l'adopter. Elles sont déjà en retard par rapport aux autres PME européennes, lesquelles sont elles-mêmes à la traîne des PME américaines...

Les freins à l'adoption de l'IA par les PME françaises sont relativement « classiques », au sens où ce sont les mêmes que pour la digitalisation de leur activité. D'abord, le coût de la technologie. Ensuite, le manque de trésorerie pour investir. D'où, du reste, l'importance de réduire les retards de paiement : vivement la facturation électronique ! Enfin, le manque d'expertise et de compétences techniques pour s'approprier la technologie et transformer le travail du quotidien.

Au moment où l'IA se démocratise, avec des solutions de service de plus en plus accessibles, les pouvoirs publics français et européens doivent donc accompagner les PME pour qu'elles réussissent au mieux leur entrée dans cette nouvelle ère, décisive, du numérique.

France Num a publié un guide qui leur explique comment utiliser l'IA pour optimiser leur activité, améliorer l'expérience client, réduire leurs coûts. Dans le cadre de la Stratégie d'accélération en intelligence artificielle du plan France 2030 portée par le Gouvernement, la Direction générale des entreprises et le Secrétariat général pour l'investissement ont lancé le programme IA Booster France 2030. Ce dispositif opéré par Bpifrance vise à accompagner les entreprises françaises pour qu'elles intègrent des solutions d'IA dans leurs processus de transformation numérique, d'enrichissement de leur offre, d'amélioration de leur compétitivité et de modernisation de leur appareil de production. Enfin, les fonds européens sont une réelle opportunité que les PME françaises doivent saisir.

18
L'orientation et l'insertion professionnelles des jeunes

Les émeutes d'une ampleur sans précédent de juin et juillet 2023 ont été une piqûre de rappel, pour les Français et les pouvoirs publics, des risques sociaux majeurs générés par la situation en déshérence de certains jeunes, à commencer par ceux ni en emploi, ni en formation, ni en études (« neet »). En France, environ un jeune de moins de 25 ans sur cinq vit sous le seuil de pauvreté. Cette tranche d'âge reste particulièrement exposée aux situations de précarité.

Des jeunesses

Mieux vaut parler des jeunesses que d'une jeunesse. La principale ligne de fracture entre elles est le niveau d'éducation et de diplôme. Les jeunes qui étudient connaissent une précarité temporaire, le temps de leurs études. Ceux qui n'étudient pas et ne sont pas diplômés, ou pas suffisamment, subissent une précarité durable.

Statistiquement, les jeunes peu ou pas diplômés sont plus souvent issus des quartiers prioritaires de la politique de la ville (QPV). Beaucoup sont mis à l'écart du marché du travail. Ils enchaînent les contrats précaires ou subissent le chômage. Ils sont exposés au risque d'une exclusion sociale de longue durée. Ils peinent à subvenir à leurs besoins, notamment à se loger. Ils éprouvent un sentiment de moindre utilité sociale apparente et ils en souffrent.

L'universalisme républicain et la cohésion sociale exigent que tout soit fait pour les encourager et leur permettre de tracer leurs propres perspectives et de se projeter plus sereinement dans l'avenir.

Réaliser un projet d'autonomie

L'inégalité se creuse dès l'enfance et à l'école avec la maîtrise du français et l'apprentissage des matières. Certains sont encouragés à réaliser des stages, apprendre des langues, partir à l'étranger, se lancer dans des projets personnels, mûrir un projet professionnel en accord avec leurs appétences et leurs capacités… D'autres non. Dès qu'ils rencontrent des difficultés sociales et scolaires, ils sont encouragés à précipiter un projet professionnel par défaut. Certains ont le choix. D'autres sont soumis à la nécessité.

L'orientation et l'insertion professionnelles sont évidemment décisives. Au terme des émeutes de l'été 2023, des mesures ont été prises pour les quartiers QPV, avec notamment la détection, l'information et l'orientation des entrepreneurs des quartiers, l'accompagnement et le financement de leurs projets grâce à des prêts d'honneur et à des bourses French Tech, ou encore le déploiement d'une politique de testing pour lutter contre les pratiques discriminatoires dans l'accès aux stages et à l'embauche.

Ces mesures bienvenues s'ajoutent aux dispositifs déjà mis en place par l'État, avec de nombreuses incitations financières à l'embauche. Si elles vont dans le bon sens, il faut aller plus loin. En les repensant sur d'autres temporalités, pour en optimiser la complémentarité et l'efficacité. En répondant davantage aux besoins des PME, lesquelles sont en quête de compétences formées et à former.

Stratégie d'acteurs gagnant-gagnant

Dans leur intérêt bien compris et dans celui des élèves en difficulté, les PME peuvent jouer un rôle éminemment utile.

En partenariat avec les écoles, elles peuvent permettre aux élèves en difficulté de tester des métiers en entreprise par le biais de stages et de contrats dédiés, puis leur mettre le pied à l'étrier de l'emploi *via* l'alternance. De leur côté, les acteurs qui accompagnent les jeunes dans les territoires — missions locales, associations d'insertion, etc. — peuvent les aider à s'approprier les codes de l'entreprise, à travailler leur savoir-être, à remobiliser toutes les compétences positives acquises dans le cadre d'expériences professionnelles antérieures, d'activités extra-professionnelles, associatives, sportives, etc.

Les relations entre les écoles et les entreprises sont anciennes et fructueuses. Elles se sont densifiées depuis la création de l'enseignement professionnel, dont les diplômes — et de plus en plus les formations — sont élaborés avec les organisations patronales et syndicales. Les intensifier, tout particulièrement au niveau des PME et des missions locales ancrées dans leur territoire, c'est rapprocher un peu plus deux mondes géographiquement proches pour améliorer l'orientation professionnelle et l'insertion professionnelle des jeunes.

Enfin, il faut mieux considérer et valoriser les parcours non linéaires, hors des sentiers battus. Dans un monde complexe, ils sont parfois plus cohérents que le CV et les diplômes en termes d'adéquation entre les compétences et l'emploi. Une dose de marginalité est souvent à l'origine de belles réussites d'entrepreneurs. Là comme ailleurs, la différence peut créer la préférence.

FOCUS

L'INDISPENSABLE (ET COMPLEXE) SIMPLIFICATION DES NORMES

Depuis les années 90, tous les gouvernements savent que pour libérer la croissance, il est indispensable de faciliter la vie des entreprises en simplifiant les normes qui leur sont applicables, tant la prise en compte de l'inflation normative est coûteuse en ressources humaines et matérielles. Selon différentes organisations, de l'OCDE à l'IFRAP, le coût des normes en France oscillerait entre 80 et 110 milliards d'euros et la complexité administrative représenterait 3,5 % à 4,5 % du PIB. La part des charges administratives qui pèsent sur les entreprises serait chiffrée entre 73 et 87 milliards d'euros. De plus, cette inflation normative est généralement inversement proportionnelle à la qualité des normes, tant les normes inutiles nuisent aux normes nécessaires… Elle complique aussi l'accessibilité au droit, augmente le risque de conflits entre elles et s'ajoute aux nombreux défis que les PME doivent déjà relever, à commencer par la sortie de la triple crise Covid-énergie-inflation et l'évolution des attentes des clients…

Parmi les entreprises, ce sont les PME qui ont le plus besoin d'une simplification des normes. Car elles ont encore moins de ressources humaines (juristes, comptables, financiers…), de temps et d'argent que les autres à mobiliser pour se conformer à la réglementation. Et la moindre erreur, accompagnée d'une sanction, peut gravement nuire à leur santé financière.

Nonobstant l'instauration d'un droit à l'erreur et d'un droit au contrôle en faveur des entreprises en 2018, puis une meilleure fluidité des échanges afin de surmonter la crise de la Covid, et l'annonce récente de la mise en place d'un « test PME » pour anticiper l'impact des normes, les relations entre les secteurs public et privé restent marquées par la défiance voire la méfiance. D'autant que les paroles sur la simplification administrative continuent de coexister avec la multiplication des normes sur l'environnement et le reporting extra-financier.

Paradoxalement, simplifier les normes n'est pas simple ! Simplifier les normes applicables aux entreprises ne consiste pas seulement à supprimer tel ou tel formulaire administratif. Une simplification efficace nécessite en effet que l'État — dans son pouvoir exécutif comme législatif — reconsidère la place de l'entreprise et trouve un meilleur équilibre entre l'indispensable adaptation des normes à une société de plus en plus complexe et la nécessaire stabilité juridique qu'attendent les PME pour se projeter sereinement. De plus, la mondialisation et la numérisation de l'économie impliquent une standardisation des relations commerciales et la dématérialisation de nombre de procédures.

Par nature, le droit arrive toujours tardivement par rapport à la réalité dans laquelle la société se meut. Mais il ne doit pas empêcher ce mouvement. Pour dépasser les résistances au changement et faire enfin évoluer les mauvaises pratiques, c'est de courage politique dont la France a besoin.

19
Replacer l'activité économique au cœur des quartiers oubliés de la République

Dans un rapport de 2020 sur l'attractivité des quartiers prioritaires, la Cour des comptes avait posé un diagnostic accablant : en dépit des moyens humains et matériels mobilisés, ces quartiers populaires avaient en effet déjà connu un recul économique et commercial.

Le cercle vicieux de la violence

Nul doute que les récentes émeutes urbaines de juin-juillet 2023, qui ont d'autant plus sidéré la France et les Français qu'elles étaient largement nihilistes, avec des pillages de commerces et des dégradations de lieux commis par des bandes de jeunes mineurs, y compris près de chez eux, et donc à leurs propres dépens, ont encore dégradé la réputation de ces quartiers. C'est un premier cercle vicieux. La violence creuse un peu plus le fossé avec le reste du pays et accroît les difficultés à s'en sortir. Elle nuit durablement à l'attractivité des quartiers, leur valorisation économique et renforce la fracture sociale.

Pour ces territoires en général, avec leur lot de difficultés, et pour les commerces en particulier, lesquels jouent un rôle central comme « tisserands » de lien social, c'est la « double peine ». Les entrepreneurs sont la plupart du temps de petits patrons, des indépendants qui vivent difficilement et luttent pour contribuer à l'économie de proximité, nécessairement sociale et solidaire. Leur taux de marge est faible. Leur activité reste fragile. Leur avenir : tutoyer le seuil de pauvreté tout en travaillant.

Un ciel lourd de menaces

D'autant que la concurrence du e-commerce est redoutable et pourrait accélérer la désertification économique. Depuis la Covid et l'avènement du télétravail, l'évolution des modes de production, de distribution et de consommation, génère un « effet ciseaux » pour les habitants des quartiers populaires : ils travaillent dans les secteurs « perdants » du télétravail (entreprises de restauration, services de bureau, etc.) et leurs métiers sont les moins télétravaillables. Sauf à se replier sur la livraison à domicile, en plein boom. Un pis-aller… L'ubérisation de l'économie est aussi la cause de la disparition des commerces de proximité !

C'est un second cercle vicieux. L'éloignement en cascade des services privés et publics réduit la ville à sa plus simple expression, une cité-dortoir, avec des quartiers « inactifs », au sens de dépourvus d'un marché du travail propre, dont les habitants sont contraints aux déplacements pendulaires vers le bassin d'emploi le plus proche.

L'entreprise près de chez vous !

La surdensification urbaine de certains de nos quartiers, l'absence de réponse à l'inclusion économique et par le travail dans nos entreprises, la non-valorisation des bonnes pratiques entrepreneuriales de proximité posent question. Seule une politique économique ambitieuse et ouverte à tous les acteurs économiques, peut permettre aux habitants des quartiers populaires de mieux les intégrer à la vie de leur propre ville. C'est pourquoi il faut faire venir les entreprises dans les quartiers populaires. Si la politique de la ville doit être une politique de l'entrepreneuriat et de l'accompagnement des entrepreneurs, c'est pour être une politique de la réalisation des projets concrets. Elle ne doit pas multiplier les strates d'interventions inutiles, les interlocuteurs faussement mobilisés, les associations de rencontre, se réconforter des discours d'intention. Parler concrètement et accompagner durablement ceux qui vivent dans nos quartiers, entrepreneurs, collaborateurs, riverains, jeunes, c'est tout l'enjeu de la prochaine génération des contrats de ville Engagements Quartiers 2030.

Pour replacer l'activité économique au cœur des quartiers populaires, créer un écosystème favorable à la création et au développement des entreprises, offrir à leurs habitants de nouvelles opportunités, tout en reconnaissant que les précédentes politiques publiques n'ont pas atteint tous leurs objectifs et en prévenant le risque d'ostracisme de ces territoires, l'approche doit être globale, multi-acteurs et multi-secteurs. Au-delà de l'amélioration de l'intermodalité des transports pour « désenclaver » et du redéploiement des antennes de services publics pour « reconnecter », citons pêle-mêle la promotion de la culture entrepreneuriale, la création d'incubateurs d'entreprises, la facilitation de l'accès au financement et aux partenariats public-privé, le renforcement de l'employabilité des jeunes avec la montée en puissance des dispositifs de formation en alternance et continue. Et si l'insertion des habitants passe par l'emploi, une juste rémunération du travail, la réputation des quartiers populaires pourrait aussi passer par une stratégie de « marketing territorial » : relever le pari des industries créatives (musique, cinéma, mode, art…) pourrait par exemple contribuer à apprécier l'image de ces territoires.

FOCUS

APPRENDRE LA CULTURE ENTREPRENEURIALE DÈS L'ÉCOLE

Si les relations entre les mondes politique et économique oscillent depuis longtemps en France entre la défiance et la fascination, en passant par l'interrogation, cette situation résulte en partie d'une méconnaissance et d'une incompréhension mutuelles, laquelle prend sa source dans une éducation généraliste au mieux négligente, parfois négative, vis-à-vis de l'entreprise et de la production de biens et de services.

Les idées reçues ont la vie dure, *a fortiori* dans les pays de culture catholique où l'argent est moralement connoté... Associée à la critique du capitalisme, l'entreprise est trop souvent perçue comme l'organisation qui permet « l'exploitation de l'homme par l'homme » en son sein et qui essaie ou tend, à l'extérieur, de faire prévaloir des intérêts particuliers sur l'intérêt général. L'image d'Épinal conte encore quelquefois le travail à la chaîne mis en scène par Chaplin dans *Les Temps modernes*... La critique du capitalisme déborde parfois sur celle du libéralisme avec l'idée selon laquelle, pour paraphraser à mauvais escient Henri Lacordaire, la liberté permettrait l'oppression du fort contre le faible, du riche contre le pauvre, du maître contre le serviteur...

Certes, en quête d'impact, de sens, de maîtrise et de liberté, les nouvelles générations plébiscitent désormais l'entrepreneuriat. L'auto-entrepreneuriat est facilité. Les filières professionnelles sont revalorisées. Des associations se mobilisent pour la promotion d'apprendre à entreprendre. La création d'entreprise est enseignée à l'université. Et les créations d'entreprises sont chaque année plus nombreuses.

Mais pour que la France devienne enfin un pays 100 % « *entrepreneur friendly* », le soutien de l'Éducation nationale et de l'Enseignement supérieur doit encore monter en puissance. Le stage-école pourrait être encouragé dans les TPE et les PME du commerce, de l'artisanat et des services à proximité, qu'il s'agisse d'une zone urbaine ou d'une zone rurale. Les occasions d'échanges entre les enseignants et les entrepreneurs, avec des visites *in situ*, pourraient être multipliées. Formalisant de belles volontés d'engagement, les conventions signées par les académies, les chambres consulaires et les organisations patronales pourraient être davantage opérationnalisées.

Ouvrir les écoles à l'occasion de journées métiers ; promouvoir la création de chaires d'entrepreneuriat animées par des entrepreneurs engagés ; encourager les débats sur l'économie de demain, les enjeux de l'économie responsable, la traçabilité des produits ; organiser des conférences thématiques annuelles à l'école, au collège, au lycée, à l'université, pour donner la parole à des panels d'entrepreneurs de terrain ; faire travailler ensemble enseignants et entrepreneurs sur des projets territoriaux améliorant le partage de valeurs communes (apprentissage, respect, écoute, ponctualité, etc.)… L'éventail des initiatives est riche pour mieux apprendre la culture entrepreneuriale dès l'école !

20

Dans l'entreprise aussi, la religion ne doit pas faire la loi

Le principe de neutralité

Parce que la liberté religieuse est une liberté fondamentale, la pratique religieuse au travail ne saurait être interdite de manière absolue et générale. Seules l'encadrent des restrictions — nécessaires, adaptées et proportionnées — pour permettre l'accomplissement de la tâche de travail. L'employeur, et c'est évidemment très important, peut exiger du salarié qu'il exécute son contrat de travail, quelles que soient ses convictions religieuses. La Cour de justice de l'Union européenne et la Cour de cassation française l'ont rappelé en 2017 : si le principe est celui de la liberté de religion dans l'entreprise, il s'inscrit dans le cadre d'une politique de neutralité du fait religieux.

La plupart du temps, le fait religieux dans l'entreprise ne pose pas de difficulté. Il s'agit d'absences, d'aménagements du temps de travail ou du port visible d'un signe religieux. Cette pratique religieuse n'empêche pas le bon fonctionnement de l'entreprise. Les PME s'accommodent fort bien de la diversité religieuse de leurs salariés, une tradition républicaine et une situation fréquente avec la mondialisation du marché du travail. Et les salariés respectent largement la neutralité de l'entreprise vis-à-vis des pratiques religieuses.

Une situation qui se dégrade

Jusqu'à récemment, le prosélytisme dans l'entreprise concernait plutôt l'expression d'une sensibilité syndicale et sociale. Il devient plus religieux, fondamentaliste ou intégriste et communautariste. Les attitudes et les comportements dysfonctionnels voire rigoristes sont en effet en augmentation, principalement chez certains salariés de confession musulmane, c'est un fait : comportements discriminants envers les femmes (refus de travailler avec une femme ou sous ses ordres, refus de serrer la main d'une femme, etc.), refus de réaliser certaines tâches, prosélytisme religieux, etc. Ces comportements problématiques, aujourd'hui principalement imputables à l'islam radical, peuvent avoir un impact négatif dans de nombreuses dimensions de la vie de l'entreprise : la mise en œuvre des règles d'hygiène et de sécurité, les relations avec les clients, le bon fonctionnement de l'organisation, la bonne réalisation du travail, les relations entre salariés…

En tout état de cause, la question du fait religieux en entreprise est de plus en plus sensible pour les responsables des ressources humaines. Nombre d'entrepreneurs se trouvent désarmés face à l'affirmation du fait religieux, notamment dans les PME. *A fortiori* lorsque les revendications religieuses abusives sont poussées par des associations cultuelles militantes. En France, des groupements minoritaires intégristes essaient d'imposer leur vision d'un modèle religieux. Ce modèle va au-delà du port du voile, de l'abaya ou de signes distinctifs dans l'entreprise. Il est un nouveau totalitarisme au sens où il cherche à broyer les différences, les particularités, les libertés et les valeurs de progrès.

Un ordre public entrepreneurial

Soit dit en passant, cette dégradation n'est pas propre à l'entreprise. Elle concerne la société dans son ensemble avec la (re)montée en puissance et la radicalisation du fait religieux. Dans les jeunes générations, de plus en plus d'individus considèrent ainsi que la norme religieuse devrait prévaloir sur la norme juridique, la théocratie sur la démocratie…

Raison de plus. La remise en cause de la laïcité, de l'égalité femmes-hommes et du libéralisme — économique et politique — montre qu'il y a urgence à réagir. C'est pourquoi les organisations patronales doivent se saisir du problème et mieux accompagner les entrepreneurs dans les territoires. Il convient de rester ferme, intransigeant, dans l'affirmation des règles qui régissent la direction de l'entreprise. Affirmer la défense des valeurs de neutralité du fait religieux dans l'entreprise, c'est valoriser la place particulière qu'elle occupe dans la cité pour contribuer à garantir la laïcité et à veiller à ce que les pratiques religieuses ne contreviennent pas à un certain « ordre public entrepreneurial ». C'est enfin un enjeu de la qualité de vie au travail.

21
La « PME Nation », levier de cohésion

Dans un climat économique et social dégradé, avec une vie politique « tripolarisée » entre un bloc progressiste et deux blocs populistes, les PME pourraient être les acteurs incontournables de la réconciliation économique et sociale.

Le projet économique de 2017 était porté par une volonté politique : faire de la France une « Start-up Nation » pour la porter à la pointe des transformations numériques et énergétiques. Au moment de tracer de nouveaux horizons, tout indique que les politiques publiques devront plutôt porter la marque d'une autre réalité économique et sociale devenue incontournable, celle de la « PME Nation ».

Selon l'Insee, les PME (y compris les microentreprises) représentaient en 2022 4,2 millions d'entreprises, soit 99,9 % des entreprises françaises. Elles sont une force vive sur laquelle l'action publique gagnerait à s'appuyer davantage, d'une part pour contenir le risque de fragmentation territoriale et d'exclusion des zones moyennes et rurales, d'autre part pour recueillir une expertise de terrain grâce à un dialogue économique et social renouvelé.

Un ciment des territoires

Face au risque de fragmentation économique et d'exclusion des zones moyennes et rurales, choisir les PME comme levier essentiel des politiques publiques, c'est permettre aux mesures prises de pénétrer l'ensemble du territoire et d'imprégner profondément le maillage économique français. En effet, la crise des gilets jaunes a laissé béante la fracture territoriale entre deux Frances : la France des grandes métropoles intégrées dans la mondialisation économique et la France des zones périphériques et rurales largement évincées de cette mondialisation et qui ont le sentiment d'être abandonnées par les pouvoirs publics. Évidemment, les lois et règlements souvent édictés par la première sans tenir compte de la seconde n'arrangent pas la situation…

Le vaste réseau des PME innerve toutes nos régions et fait de la France une économie de proximité et de confiance : 78 % des Français affirment avoir confiance en elles, alors que seuls 43 % font confiance aux grandes entreprises. Et pour cause, les PME sont vectrices d'intégration territoriale mais aussi sociale en employant massivement les personnes éloignées de l'emploi : chômeurs de longue durée, personnes handicapés, émigrants, etc. La voie des PME, c'est celle du tissu social, de la synergie des territoires et du dynamisme économique.

Cet état de fait est un atout majeur pour la mise en œuvre des politiques publiques. Les dispositifs de soutien économique aux entreprises lors de la crise sanitaire l'ont d'ailleurs montré : lorsque les politiques publiques sont pensées en fonction des PME, elles deviennent des leviers qui en facilitent efficacement la mise en œuvre. Les effets en sont décuplés : les PME étaient ainsi devenues les moteurs de la relance économique d'après crise.

Le socle d'un dialogue économique territorial renouvelé

Conduire une action publique informée et mobiliser pleinement les forces des PME nécessitent de récolter l'expertise des acteurs de terrain. Un dialogue économique et social renouvelé qui gagnerait à être décliné, des régions aux communes, par des conseils économiques, sociaux et environnementaux locaux. Les CESE régionaux sont l'un des meilleurs atouts de la démocratie locale et ont joué un rôle important dans la fluidification du dialogue économique et social lors de la crise sanitaire.

Une déclinaison à l'échelle municipale, comme il en existe déjà dans certaines grandes villes, permettrait de renforcer encore davantage l'économie de proximité, de renouveler le dialogue entre les acteurs publics et les dirigeants d'entreprises et, ainsi, de renforcer la démocratie locale. En effet, par leur ancrage local et territorial profond, les PME sont les socles de l'économie circulaire et de proximité. Elles sont souvent à l'avant-garde des transitions numériques, sociales et énergétiques. Pourtant, elles demeurent trop souvent dans l'angle mort des politiques publiques. Et même dans celui de la loi Pacte, qui avait pourtant trouvé son impulsion dans les PME !

Les PME peuvent et veulent faire plus. Sans attendre les directives des politiques publiques, elles réfléchissent, elles proposent, elles innovent, elles expérimentent, elles se responsabilisent et tissent du lien économique et social entre les populations et entre les territoires. Alors que le « climat » est orageux, les PME pourraient bien devenir les acteurs incontournables de la réconciliation économique et sociale.

FOCUS

AIMER LES ENTREPRISES : DES PAROLES AUX ACTES

Depuis une quinzaine d'années, à l'occasion de déplacements ou de grands-messes, les présidents de la République et les Premiers ministres clament régulièrement leur amour absolu pour les entreprises. C'est une évolution positive, tant leurs prédécesseurs avaient plutôt eu une pratique adultère et éphémère de cet amour...

Toutefois, les entreprises ne peuvent vivre d'amour et d'eau fraîche. Certes, les chefs d'entreprise ne menacent plus de délocaliser leurs activités en fonction de la couleur politique d'un Exécutif, national ou local. Ce n'est pas une raison pour conditionner systématiquement la moindre aide aux PME. Ou pour multiplier — souvent sans la moindre concertation sur les principes, les modalités, les accompagnements — les « mesures acronymiques » (ZFE, DPE, ZAN, PLU, etc.) d'une écologie punitive qui servira moins la santé publique, la rénovation thermique, la biodiversité ou la fabrique de la ville, qu'elle ne desservira l'économie.

Pour les décideurs publics, aimer les entreprises, c'est d'abord savoir prendre le temps de les concerter, afin de se mettre d'accord pour agir ensemble et d'une certaine façon. Les responsabilités sont probablement partagées. La démocratie participative n'est pas encore satisfaisante lorsqu'elle intervient sans discernement dans des domaines qui impactent la vie des entreprises, de leurs collaborateurs et de leurs clients. De leur côté, les représentants des entreprises n'oscillent plus toujours au diapason de leurs attentes dans les territoires et les quartiers. D'où l'utilité de mettre en place des conseils de développement économique et social auprès des municipalités. Composés de représentants patronaux, syndicaux et associatifs, ces conseils pourraient contribuer à fluidifier les échanges entre ces protagonistes de l'économie et à revitaliser le débat économique et social dans les territoires.

Aimer les entreprises, c'est ensuite faire évoluer dans les meilleurs délais le droit en vigueur pour faciliter leur vie et desserrer certains freins à leur activité et à leur développement. Du fait de leur renouvellement et d'un dialogue noué d'urgence à la faveur de la crise de la Covid, les décideurs publics franchissent les étapes dans leur longue marche vers les entreprises. Ils appréhendent mieux le monde complexe et nuancé de l'entreprise. Ils considèrent enfin l'apport économique et social décisif et prometteur des PME.

Aimer les entreprises, c'est donc enfin accepter qu'elles ne soient pas toujours en phase avec telle ou telle politique publique économique ou sociale. C'est par exemple le cas, soit dit en passant, pour le très coûteux dispositif d'acquisition de congés payés en période d'arrêt maladie. À l'instar des citoyens, les PME expriment légitimement leurs besoins, leurs attentes et leurs espoirs dans les territoires. Elles méritent d'être plus et mieux visibles, écoutées et représentées

Les bonnes idées pour y arriver

☑ **Renforcer** l’attractivité des quartiers des villes moyennes et des territoires ruraux en améliorant leur mixité fonctionnelle (vie, travail, loisirs, transport) et en prenant mieux en compte les bassins de vie et les nouvelles centralités (nouvelles gares, nouveaux quartiers, etc.).

☑ **Renaturer** et recommercialiser les quartiers politiques de la ville (QPV) en mobilisant les entreprises d’insertion par l’activité économique.

☑ **Mettre en place** un label « Entreprises solidaires jeunesse » pour distinguer et valoriser les PME qui accueillent des stagiaires étudiants ou élèves et recrutent des alternants.

☑ **Financer** 100 % du permis de conduire des salariés de moins de 30 ans en CDI afin d’encourager la mobilité pendulaire et de lutter contre la discrimination liée au temps de trajet entre le domicile et le lieu de travail.

Conclusion
... useful !

Au cours des prochaines années du quinquennat, le président de la République va devoir s'engager résolument dans une politique en faveur des jeunes, de l'écologie responsable et de la redynamisation du tissu économique, en soutenant un plan massif des PME dans tous les territoires, y compris ruraux, car c'est bien de lien social, d'emploi et donc d'humain dont il s'agit *in fine*.

Il y a aujourd'hui une attente forte de tous les Français pour des politiques publiques qui prennent en considération leurs besoins immédiats, réels, concrets et qui réduisent un certain nombre d'inégalités. La multiplicité des informations qui nous touchent, tant nationales qu'internationales, laisse au citoyen un sentiment d'incapacité de nos décideurs à influer sur les grands équilibres mondiaux et à intervenir au quotidien pour que sa vie soit plus confortable. Un sentiment d'abandon aussi des grandes réformes économiques et sociales, une difficulté récurrente du pouvoir d'achat, un repli sur soi et un retour au communautarisme ou aux aides multiples pour s'en sortir. La relation au temps a changé, avec un besoin nouveau d'immédiateté et d'opérativité dans les territoires.

Les entrepreneurs sont des Français comme les autres. Ils vivent au quotidien, avec leurs collaborateurs, la succession des crises, la nouvelle relation à l'entreprise, les nouvelles attentes de chacun face au travail. Certains parmi les indépendants survivent de leur activité car ils n'ont pas d'autre choix. Comme tous les Français, les PME veulent qu'on les écoute, qu'on les aime et que l'on fournisse des efforts pour répondre concrètement à leurs inquiétudes. Depuis des années, « *small is beautiful* » est surtout un beau slogan. Les femmes et hommes d'entreprises ont besoin d'une nouvelle intermédiation, d'un nouveau contrat économique et social, qui reconnaisse leur apport indispensable, mais qui manque de visibilité institutionnelle, au monde de proximité qui les entoure. Essayons de mettre en concordances, dans les régions, les paroles et les actes. Faisons enfin cette révolution culturelle, changeons d'échelle économique et humaine pour mettre en place dans nos territoires une vraie politique en faveur des PME.

Encourager le développement des PME dans les territoires, continuer la redynamisation économique des quartiers, favoriser l'installation des jeunes entrepreneurs dans les territoires ruraux ou les grandes métropoles, s'engager résolument dans l'inclusion économique et celle des personnes en situation de handicap, penser à ce qui est justement supportable et acceptable en termes de normes nouvelles pour que les PME réussissent, mieux se soucier des travailleurs et de la qualité de vie au travail, de l'environnement et des ressources naturelles locales, rendre possible l'accès des petits entrepreneurs à l'exercice de responsabilités associatives et de mandats privés ou publics, autant de beaux défis à relever.

S'il me fallait finalement retenir quatre priorités pour que les PME, entreprises de proximité et à taille humaine, assument encore plus pleinement leur responsabilité et leur rôle dans la vie de leurs territoires, je choisirais :

1. Accélérer leur numérisation.
2. Encourager le développement d'une « industrie 4.0 » créatrice d'emplois qualifiés et de proximité.
3. Aider les professionnels pour l'acquisition de véhicules à faibles émissions.
4. Accompagner résolument toutes les petites entreprises vers une transition économique écologique, responsable et circulaire.

Compte tenu des nuits d'émeutes qui ont essaimé à travers la France à l'été 2023, et qui ont rappelé le rôle décisif que les petites entreprises de proximité peuvent jouer, je veux ajouter une cinquième priorité : financer les cours et l'examen du code de la route et du permis de conduire pour encourager la mobilité pendulaire domicile-entreprise, contribuer à lutter contre la discrimination géographique, le maillage imparfait des transports en commun et « l'assignation à résidence », *in fine* rapprocher les jeunes des métiers qu'offrent les PME.

Postface
PME : profession passion

par Emmanuel Kessler

Lorsque Bernard Cohen-Hadad m'a demandé une contribution pour son nouveau livre consacré aux PME, j'ai répondu positivement, sans hésiter, parce qu'une dimension me semblait ressortir de son projet et de sa personnalité. Comme président de la CPME Paris Ile-de-France, mais aussi président du think-tank Étienne Marcel, Bernard ne défend pas seulement une vision macro-économique de nos petites et moyennes entreprises.

Bien sûr, les responsables d'organisations professionnelles n'ont pas tort de relever les obstacles mis sur la route de nos entrepreneurs, sur le terrain : poids des charges sociales et fiscales, complexités administratives, maquis normatif... Tout cela est parfaitement exact, et il est nécessaire de porter des revendications et des propositions pour y remédier. Mais soutenir les PME — et Bernard Cohen-Hadad l'a tout particulièrement compris, cet ouvrage en témoigne —, c'est aussi, peut-être même d'abord, souligner un état d'esprit, mettre en lumière une vision positive et inspirante de ce formidable engagement que représente l'aventure entrepreneuriale. Une entreprise sans business plan ne serait pas crédible. Mais une entreprise qui ne reposerait que sur des objectifs chiffrés — des « KPI », comme on dit — serait tout autant vouée à l'échec. Car réussir est affaire d'énergie, d'imagination, de partage au sein d'un collectif qui donne sa pleine valeur au travail. Bref, il s’agit d’avoir toujours en perspective ce qu’on appelle le sens. On parle aussi de raison d’être. Pour celle ou celui qui dirige une entreprise, surtout dans ce tissu à taille humaine que constituent nos PME dans tous nos territoires, ce qui est déterminant c’est l’intuition qui s’exprime à travers l’innovation, et le supplément d’âme qui se dégage dans sa mise en œuvre. Dans le moment difficile que traverse notre société, souvent déchirée et repliée sur elle-même, cette dimension pour ainsi dire immatérielle doit être mise en avant, pour que nous ayons tous pleinement conscience que nos PME sont une richesse et une chance. Une richesse d’idées et d’épanouissement individuel autant que collectif.

Dans mes fonctions de Directeur des rédactions économiques de Prisma Media, en charge notamment du mensuel *Capital*, leader des médias économiques destinées au grand public, j’ai croisé de nombreuses dirigeantes et de nombreux dirigeants de PME qui me racontent comment elles et ils se sont lancés, se développent, témoignent aussi des embûches et des échecs qui jalonnent leur parcours, comme autant d’occasions de rebondir et de continuer à aller de l’avant. Un mot définit ce qu’elles et ils ont en commun et qui les anime : la passion.

La passion et l’enthousiasme sans cesse renouvelés, je les ai trouvés, par exemple, chez Nicolas Bergerault. Il y a juste 20 ans, en 2004, cet HEC fonde, avec son frère et un associé, L’atelier des chefs. Avant que les émissions de cuisine ne se multiplient à la télévision, l’idée de Nicolas est simple et totalement nouvelle pour l’époque : il s’agit de « remettre les Français aux fourneaux ». Il ouvre dans les grandes villes des lieux où l’on conçoit et dispense des cours de cuisine adaptés à tous. Le principe : on vient seul ou en groupe passer entre 30 minutes et 3 heures à préparer un repas entièrement cuisiné sur place, avec l’aide d’un chef qui vous fait découvrir et pratiquer les techniques des pros. Ensuite, on déguste le repas autour de la table d’hôte. Aujourd’hui, ces cours de cuisine sont dispensés dans neuf ateliers à Paris, Lyon, Lille, Aix-en-Provence et Toulouse. Mais l’entreprise a fortement évolué, notamment sous l’impact du Covid (qui a tout suspendu…) et de la digitalisation : elle est devenue un organisme labellisé de formation professionnelle, préparant au CAP de cuisine et dispensant des cours à distance à travers une plate-forme numérique. Nicolas ne s'en est pas tenu là, car pour assurer la croissance de son entreprise il en a élargi la vocation : il s'agit désormais de former « aux métiers de la main et de l'humain » en général. « Ils peinent souvent à séduire et à recruter, note-t-il, alors qu'ils sont essentiels au fonctionnement de notre économie et porteurs de sens. » L'atelier des chefs permet désormais de passer un CAP dans une quinzaine de métiers, dont ceux de plombiers, électricien, fleuriste, mécanicien auto et moto… Autant de professions auxquelles il convient de redonner leurs lettres de noblesse. Et ça marche, puisque 10 000 apprenants se sont inscrits sur la plate-forme (jeunes, demandeurs d'emploi, cols blancs en reconversion…) et que les taux de réussite aux examens se situent autour de 95 %. L'atelier des chefs compte aujourd'hui 150 salariés et Nicolas Bergerault continue de veiller, pour avoir toujours un coup d'avance et faire évoluer son modèle. Le tout avec la même énergie qu'au démarrage.

Autre parcours de passion : celui de Sabrina Herlory, une femme qui d'emblée vous communique son exceptionnel dynamisme. Évoluant dans l'univers de la cosmétique, elle est passée par L'Occitane et Estée Lauder, avant de se voir confier en 2021 les rennes d'Aroma Zone, entreprise née il y a 20 ans autour des huiles essentielles, du 100 % naturel et du 100 % Made in France, avec une implantation de ses centres de recherche, de production et de logistique au cœur de la Provence, à Cabrières d'Avignon. L'intuition de Sabrina : miser à fond sur « l'omnicanal », c'est-à-dire une combinaison de e-commerce — à l'origine la marque était un *pure-player* numérique — et d'un réseau de boutiques, corners et concept-stores qui ne désemplissent pas. L'autre clé du succès, c'est un lien très fort entretenu avec la communauté des clientes et clients, à travers une stratégie marketing et publicité opérant uniquement sur les réseaux sociaux et une très forte écoute des réactions et suggestions de la clientèle *via* ses posts et commentaires. Un marketing fondé sur l'horizontalité qui colle à notre époque, s'enthousiasme Sabrina. Elle met en avant les atouts d'une « marque naturelle, bio, responsable et inspirante dans sa façon de consommer ». Sa passion se sent à chaque instant, son attention à toutes les tendances de la société : « J'aime le *retail*, cette ébullition. J'aime le commerce, le contact. » On voit bien que ce qui fédère, dans cette entreprise de 400 salariés qui vend « 1 sérum toutes les 10 secondes », ce sont des valeurs liées à la naturalité, à l'inclusivité, au territoire aussi.

Sabrina Herlory défend aussi la cause des femmes : « Soyez super ambitieuses, lançait-elle il y a deux ans dans un magazine. Ayez envie de tout bouffer et de cartonner ». Faire progresser l'égalité professionnelle entre les femmes et les hommes, notamment dans les PME, c'est aussi l'ambition d'Élodie Dratler. Rayonnante, engagée et imaginative, fondatrice et dirigeante de Wominds, je l'ai rencontrée lors des Rencontres des entreprises de France de 2023, où elle est venue faire partager la conviction qui anime son projet : « L'entreprise féminisée est une entreprise gagnante ». Au-delà des lois qui imposent des quotas de femmes dans les groupes du CAC 40, il faut que les petites et moyennes entreprises se dotent d'outils RH pour assurer l'égalité des chances entre tous les collaborateurs, quel que soient leurs origines et leur sexe. Elle a conçu un outil qui se combine aux SIRH, les systèmes d'information et de gestion des ressources humaines, afin de mesurer l'état réel des possibles discriminations dans l'embauche, de mieux gérer les enjeux de parentalité et de proches aidants ou aidantes, les questions d'égalité de salaire, de promotion, et également de sexisme et violences sexuelles au travail. Elle a ainsi fondé la première « GenderTech » (concept qu'elle a déposé à l'INPI) : une plate-forme dont les algorithmes sont pensés en fonction de la mise en place d'objectifs d'égalité des chances professionnelles entre les femmes et les hommes. Sa conviction : « Tous ces enjeux désignés comme « féminins » font émerger de nouvelles cultures d'entreprise qui bénéficient à toutes et tous. Les traiter ne favorise pas seulement une meilleure intégration des femmes, mais répond aussi aux aspirations globales d'une société en quête d'équilibre, de progrès social et économique. » En résumé, comme elle l'écrit dans *Capital*, il s'agit de contribuer à « forger un monde du travail plus motivant et plus durable ».

J'aurais pu citer encore Julie Corver, jeune femme de 30 ans, qui réinvente avec son associée Laure Bonin l'univers des galeries d'art en mode 100 % digital avec Artpoint : elle est l'agent d'artistes qui travaillent uniquement dans cet univers créatif. Elle propose aux entreprises de louer des œuvres d'art numériques afin que celles-ci soient exposées sur les écrans de leur hall d'accueil, ou dans des galeries commerciales par exemple.

Nicolas est un senior hyperactif de plus 55 ans ; Julie, 30 ans, est habitée par cette vocation de faire connaître la nouvelle forme d'art qui va caractériser le XXIe siècle. Je vous ai cité quelques exemples d'entrepreneuses et d'entrepreneurs, de diverses générations. Elles et ils sont animés par des convictions fortes et une vision qui épouse les tendances, anticipe même les attentes de la société. Un entrepreneur, c'est quelqu'un qui ne dit jamais « c'était mieux avant », mais qui agit pour que « ce soit mieux demain ». Une intuition, des compétences, une détermination, une empathie indispensable avec notre époque : voilà ce qui anime aujourd'hui nos dirigeantes et dirigeants de PME. Elles et ils méritent plus que jamais qu'on les mette à l'honneur, parce qu'ils constituent de véritables « rôles modèles » pour une jeunesse qui doute. Surmontons le pessimisme ambiant ! S'il y a bien entendu beaucoup de difficultés à surmonter, entreprendre procure de la joie, tout simplement. La joie, expliquait le grand philosophe Henri Bergson, c'est ce sentiment par lequel la nature nous indique que la vie a réussi, qu'il y a eu création de quelque chose de nouveau, d'inédit dans le monde. Elle se manifeste chez « la mère qui regarde son enfant », « l'artiste qui a réalisé sa pensée », « le savant qui a découvert ou inventé » mais aussi, il faut le relever car de telles mentions sont rares dans la philosophie, pour « le commerçant qui développe ses affaires » ou le « chef d’usine qui voit prospérer son industrie » ! Des Nicolas, des Sabrina, des Élodie, des Julie, il y en a partout en France. Grâce à leur élan, leur énergie, nous demeurons un des pays les plus attractifs au monde. Le monde économique est loin d’être parfait. Mais pour progresser, ayons conscience de la puissance de l’enthousiasme, ayons le goût de l’innovation, conservons l’esprit créatif et la conviction que nous allons surmonter les obstacles. Pour Bernard Cohen-Hadad, ce sont ces ingrédients et cette alchimie qui font de nos PME des lieux de passion. Ils contribuent à donner du sens à notre vivre ensemble.

Emmanuel Kessler

Journaliste, ancien directeur des rédactions économiques de Prisma Media. Président de la chaîne parlementaire Public Sénat de 2015 à 2021.

Remerciements

Je souhaite remercier tous les entrepreneurs, femmes et hommes chefs d'entreprise, nouveaux entrants ou dirigeants établis, qui prennent des risques, innovent, créent, réalisent, transmettent, avec lesquels j'ai eu le plaisir d'échanger ces dernières années, riches en crises, en émotions et en opportunités dans nos territoires. Pour paraphraser Simone de Beauvoir, on ne naît pas entrepreneur, on le devient, et, je le crois, notamment en échangeant et en partageant. Je veux aussi remercier les lecteurs, qui s'intéressent aux PME et aux enjeux de demain, et avec qui j'espère poursuivre nos échanges.